AF151734

Otto Becker

Die Universitäts-Augenlink in Heidelberg

Otto Becker

Die Universitäts-Augenlink in Heidelberg

ISBN/EAN: 9783743632776

Hergestellt in Europa, USA, Kanada, Australien, Japan

Cover: Foto ©ninafisch / pixelio.de

Weitere Bücher finden Sie auf **www.hansebooks.com**

DIE

UNIVERSITÄTS-AUGENKLINIK

IN

HEIDELBERG.

ZWANZIG JAHRE KLINISCHER THÄTIGKEIT.

VON

OTTO BECKER.

WIESBADEN.

VERLAG VON J. F. BERGMANN.

1888.

VORREDE.

Bei der vorigjährigen Zusammenkunft in Heidelberg hat die von v. Graefe gestiftete Ophthalmologische Gesellschaft den Beschluss gefasst, ihr 25jähriges Bestehen im Jahre 1888 durch Einberufung eines internationalen Ophthalmologen-Congresses nach Heidelberg zu feiern.

Den Auftrag, die nothwendig werdenden Vorbereitungen dazu in Gemeinschaft mit dem ständigen Secretär der Gesellschaft, Herrn Medizinalrath Dr. Hess in Mainz, zu treffen, glaubte ich nicht ablehnen zu dürfen, nachdem sowohl von Seiten des Grossherzoglich Badischen Ministeriums der Justiz, des Kultus und Unterrichts, wie von Seiten der städtischen Behörden Heidelbergs in entgegenkommendster Weise dem Unternehmen eine wohlwollende Unterstützung zugesagt worden war.

Bei einer Unterredung, die mir Se. Excellenz der Minister Dr. Nokk aus diesem Anlass gewährte, kam es zur Sprache, dass ich zur Zeit des Congresses nahezu zwanzig Jahre die Direktion der Universitäts-Augenklinik in Heidelberg inne haben würde.

Dies führte dazu, dass ich den Auftrag erhielt, einen gedrängten Bericht über meine zwanzigjährige klinische Thätigkeit zu erstatten, in diesen die noch fehlende Beschreibung des neuen Gebäudes aufzunehmen und ihn im Auftrag des Ministeriums

*

den Theilnehmern an dem VII. periodischen internationalen Ophthal-
mologen-Congress als Festschrift zu überreichen.

Wenn nun auch aus dem Bericht selbst hervorgeht, in welcher
Weise ich den mir gewordenen Auftrag zu erfüllen versucht habe,
so dürfte es doch nicht unzweckmässig sein, dem Leser von vornherein anzudeuten, was er in ihm zu finden erwarten darf.

Sowohl bei der Beurtheilung des Gebäudes, wie des Berichtes
über meine klinische Thätigkeit, muss im Auge behalten werden,
dass die Heidelberger Augenklinik eine Universitäts-Klinik, d. h.
eine Lehranstalt, ist. Sie ist daher auch unter den eigenthümlichen
Bedingungen und Verhältnissen in's Leben getreten und allmählich
gross geworden, unter denen die Augenheilkunde selbst in Deutschland erst in der zweiten Hälfte unseres Jahrhunderts als ein mit
den andern Hauptfächern der praktischen Medizin gleichberechtigtes
Lehrfach anerkannt worden ist.

Abweichend von der Geburtshilfe und Irrenheilkunde, welchen,
sobald einmal das Bedürfniss und die Nothwendigkeit erkannt worden
war, der Staat Unterkunft und Lehrräume bieten und Kranke zu-
weisen musste, war es Privat-Augenärzten vorbehalten, im Kampfe
mit bestehenden staatlichen Einrichtungen aus eigenen Mitteln für
Dach und Fach zu sorgen und durch ihre Persönlichkeit das Vertrauen der Augenkranken zu gewinnen.

Schritt für Schritt eroberten sich die unternehmenden Kollegen
durch ihr humanitäres Wirken, ihre praktischen Erfolge, ihre Leistungen
in Wissenschaft und Lehre immer mehr sicheren Boden, bis endlich,
nachdem die Augenheilkunde als offizielles Lehr- und Examenfach
in die ärztliche Staatsprüfung Aufnahme gefunden hatte, von ihnen,
durch Uebernahme der privaten Anstalten als öffentliche Kliniken
und ihrer Direktoren als Ordinarien der medizinischen Fakultäten
in den Dienst des Staates, ihre gegenwärtige Stellung als reife
Frucht in den Schooss fiel.

War es da nicht gebotene Pflicht, der allmählichen Entwicklung der Heidelberger Universitäts-Augenklinik einen eigenen Ab-
schnitt zu widmen? Und zwar um so mehr, als in Heidelberg
nicht dem Manne, der hier den geschilderten Kampf bestanden
hatte, die Frucht seiner Bemühungen zu kosten vergönnt war, sondern ich es bin, der die Frucht pflücken durfte.

Bei der Beschreibung des neuen Gebäudes habe ich mich darauf
beschränkt, die äusseren Verhältnisse desselben, unter denen es entstanden ist, und in die es eingefügt ist, im Allgemeinen anzugeben,
und nur auf die ihm besonderen, von denen anderer Kliniken ab-
weichenden Einrichtungen ausführlicher einzugehen. Ich hatte dabei
weniger im Auge, für Bauverständige zu schreiben, als dem Prak-
tiker klar zu legen, in welcher Weise sich in ihr der ärztliche
Betrieb gestaltet.

Den Besuchern des Congresses, denen die Schrift gewidmet ist,
werden die Angaben über die Art der Verwaltung eine Menge
Fragen, die sie zu stellen sich veranlasst sehen könnten, im Voraus
beantworten.

Ueber meine Lehrthätigkeit habe ich mich kurz gefasst. Doch
wird das Wenige genügen, kenntlich zu machen, dass ich auf die
praktische Unterweisung das Hauptgewicht lege. Dass dabei der
reiche, durch die Munificenz der Regierung ermöglichte Besitz an
Lehrapparaten und dem Unterrichte dienenden Einrichtungen eine
gründliche Behandlung der theoretischen Fragen sehr erleichtert, soll
hier noch besonders hervorgehoben werden.

Nur in den Excursen über Staaroperationen und über Enucleation
und Exenteration bin ich mehr mit meiner Persönlichkeit hervorgetreten; im Uebrigen habe ich möglichst Thatsachen und Zahlen
sprechen lassen.

Hinsichtlich der letzteren will ich selbst darauf aufmerksam
machen, dass bei genauer Vergleichung der Tabellen sich leicht

einzelne Widersprüche und Ungenauigkeiten herausstellen werden. Die Tabellen sind zu sehr auseinander liegenden Zeiten auf Grund der verschiedenen in den Krankenprotokollen und den Operationsbüchern enthaltenen Aufzeichnungen entstanden. Solche an sich unwichtige Abweichungen in den Zählungsergebnissen durch wiederholte Durcharbeitung des umfangreichen Materials auszugleichen, schien mir des erforderlichen, ausserordentlich grossen Zeitaufwandes wegen zwecklos. Im Texte ist schon darauf hingewiesen, wie wenig statistischen Werth die an einer einzelnen Klinik gewonnenen Zahlen besitzen.

Wenn es mir gelungen ist, ein in den Hauptzügen klares Bild des ärztlichen und wissenschaftlichen Lebens der Heidelberger Augenklinik während der letzten zwanzig Jahre zu entwerfen, glaube ich dem mir gewordenen Auftrag gerecht geworden zu sein.

Heidelberg, 26. Juli 1888.

Otto Becker.

INHALT.

—◦—

VIII

Einleitung.

Vorlesungen über Augenheilkunde wurden an der Heidelberger Universität gelegentlich schon seit Ende des vorigen Jahrhunderts, meist von jüngeren Dozenten, gehalten. Ein regelmässig fortgesetzter und zwar gleich klinischer Unterricht in der Augenheilkunde wurde 1818 von dem am 18. Oktober 1817 berufenen Chelius eingerichtet. Er hatte seine Ausbildung in der Augenheilkunde in Wien bei Beer erhalten. Er war es, der, einer der ersten unter den deutschen Chirurgen, seiner Auffassung von der hohen Bedeutung der Augenheilkunde dadurch Ausdruck verlieh, dass er dem von ihm neu errichteten Institute bereits 1818 den Doppelnamen „chirurgische und ophthalmologische Klinik" beilegte.

Die Klinik wurde 1818 am 1. Mai eröffnet und befand sich mit der medizinischen Klinik in dem Gebäude des ehemaligen Dominikaner-Klosters, an der Stelle des heutigen Friedrichsbaues. In diesem Gebäude konnte für die besondere Einrichtung des chirurgischen und Augenkranken-Institutes wenig geschehen, weil man der Verlegung des Clinicums in die Kaserne, das sog. Marstallgebäude, in dem heute die Gewerbeschule sich befindet, für die nächste Zeit entgegensah.

Der Umzug fand schon im Sommer 1818 statt. Für die chirurgische Klinik wurde der grösste Theil des dritten Stockes bestimmt. Dem Operationssaale gegenüber, neben dem für operirte chirurgische Kranke bestimmten Zimmer, wurden zwei kleine Zimmer für Augenkranke eingerichtet.

Nach dem von C h e l i u s über die Ergebnisse des ersten Jahres
(vom 1. Mai 1818 bis 1. Mai 1819) erstatteten Bericht wurden in
dem Zeitraum fünf Operationen des grauen Staars durch Reclination
und eine künstliche Pupillenbildung, Iridodialyse, gemacht. Von
den fünf Reclinationen hatten drei guten Erfolg, eine hatte nach
heutiger Ausdrucksweise halben, die fünfte keinen Erfolg. Aus so
kleinem Anfange hat sich die klinische Behandlung von Augenkranken an der Universität Heidelberg entwickelt.

Die ophthalmologische Klinik hat dann zu C h e l i u s Lebzeiten
alle Wandlungen der chirurgischen Klinik mitgemacht. Nachdem
diese im Jahre 1830 durch Uebersiedlung der Entbindungsanstalt
in den westlichen Flügel des Marstallgebäudes an Belegraum gewonnen hatte, zog sie 1844 in das, von der nach Illenau verlegten
Irrenklinik geräumte, sog. kleine Seminar (jetzt Kaserne.)

Gegen Ende der fast 50jährigen Dauer der akademischen Wirksamkeit von C h e l i u s bildete sich durch das Zusammenwirken von
Männern der Theorie, wie H e l m h o l t z und D o n d e r s , mit Männern
der Praxis, wie A r l t und v. G r a e f e , jene Vertiefung der wissenschaftlichen Grundlagen aus, auf denen die heutige Augenheilkunde
beruht, und deren Bewältigung die ganze Kraft eines Mannes in
Anspruch nimmt, so dass die Augenheilkunde nicht mehr von dem
chirurgischen Kliniker als Nebenfach gelehrt werden kann.

Während an den österreichischen Universitäten die Augenheilkunde schon seit Beginn unseres Jahrhunderts eigene, mit klinischen
Instituten versehene Lehrstühle besass, vollzog sich seit den fünf-
ziger Jahren an den deutschen Universitäten, wenn auch langsam,
ein Scheidungsprozess in der Art, dass besondere Augenkliniken für
den Unterricht in der Augenheilkunde entstanden, die, anfangs meist
aus Privatmitteln errichtet, später mit ihren Gründern vom Staate
übernommen wurden.

In Heidelberg war es K n a p p , der sich im Winter 1859/60 für
Augenheilkunde habilitirte und vom Sommer 1861 an klinische Vor-
träge hielt. Das Ambulatorium und die wenigen Krankenzimmer
waren anfangs getrennt. Als die passenden Räumlichkeiten in dem
damals Schütterle'schen Hause, Hauptstrasse 35, gefunden waren,
wurde die Augenklinik im Anfange des Jahres 1862 mit Hülfe

eines Staatszuschusses von 1000 Gulden dort eingerichtet und im April desselben Jahres eröffnet.

Die jährlich erschienenen Berichte legen von der umfassenden Wirksamkeit Knapps rühmliches Zeugniss ab. Seine Anträge auf staatliche Unterstützung wurden jedoch höheren Orts erst befürwortet, nachdem Chelius im Jahre 1864 vom Lehramte zurückgetreten war. Knapp erhielt 1865 als Extraordinarius einen Lehrauftrag für Augenheilkunde, seine Klinik einen Staatszuschuss von 3000 Gulden.

Einem wie grossen Bedürfniss die von Knapp gegründete Augenklinik entsprochen hat, erhellt daraus, dass in dem ersten Jahresbericht (20. April 1862 bis 19. April 1863) bereits über 254 Operationen, darunter 21 Extractionen, Rechenschaft abgelegt wird, welche Zahl sich im Jahre 1867 auf 413, darunter 102 Extractionen, erhöht hat.

Auch diese Anstalt konnte voraussichtlich den wachsenden Anforderungen nicht genügen. Um so erfreulicher war es, dass sich schon damals die Aussicht eröffnete, es werde in nicht allzulanger Zeit allen berechtigten Wünschen Rechnung getragen werden können.

Bereits 1865 hatte der neu berufene Director der chirurgischen Klinik, Professor Otto Weber, durch eine Broschüre, in welcher er die Mängel des Akademischen Krankenhauses offen dargelegt und die Nothwendigkeit eines Neubaues begründet hatte, die Badische Regierung zu bestimmen gewusst, die Errichtung neuer Kliniken in Angriff zu nehmen.

Zunächst sicherte die Regierung sich das Terrain, auf welchem gegenwärtig die vereinigten Kliniken stehen. Eine Baucommission wurde ernannt, welche im Frühjahr 1868 die Weisung erhielt, das definitive Programm für den Neubau auszuarbeiten, nachdem vorher schon beschlossen war, dass in demselben nicht nur die medizinische und chirurgische Klinik, die Poliklinik und das pathologisch-anatomische Institut, sondern auch die Augenklinik Aufnahme finden sollte. Im September 1868 erfolgte die Vorlage des Programms. Im Herbste 1869 begannen die Erdarbeiten; während des Krieges wurde der Bau eingestellt, im Jahre 1872 aber wieder energischer aufgenommen.

Anfang Oktober 1876 konnten die im alten Krankenhause vereinigt gewesenen Institute den Neubau beziehen. Einige Monate früher war dagegen der Bau der neuen Augenklinik erst .begonnen worden.

Als der Neubau des Akademischen Krankenhauses sich noch im Stadium der Vorberathung befand, sprach sich Professor Knapp über die Anforderungen, welche an eine neu zu erbauende Augenklinik zu stellen seien, mündlich und schriftlich, in einem Vortrage im Heidelberger Museum und in einer eigenen Broschüre (Ueber Krankenhäuser, besonders Augenkliniken. Heidelberg. Fr. Bassermann 1866.) aus. Wesentlich nach den darin niedergelegten Anschauungen arbeitete er dann in Gemeinschaft mit Herrn Bezirksbauinspector Waag einen Plan aus, der den Plänen, nach welchen die Heidelberger Augenklinik schliesslich gebaut ist, zu Grunde liegt.

Knapp selbst sah sein Projekt nicht zur That werden. Im Frühjahr 1868 erbat er seine Entlassung auf den Herbst des Jahres, um seinem Drange nach ausgedehnterer Thätigkeit in einem grösseren Wirkungskreise nachgeben zu können. Zu seinem Nachfolger wurde ich, damals Privatdozent der Augenheilkunde in Wien, ernannt. Im September 1868 trat ich als ordentlicher Professor der medizinischen Fakultät in Heidelberg in den badischen Staatsdienst und übernahm die Augenklinik am 1. Oktober.

Diese selbst hatte sich seit ihrer Errichtung, im Jahre 1862, wesentlich vergrössert. Von 22 Betten war der Belegraum, Kinderbetten eingerechnet, im Jahre 1866 allmählig auf 66 Betten gestiegen, die Zahl der Verpflegungstage von 3344 im Jahre 1862/63 auf 14268 Verpflegstage im Jahre 1867, mit einer durchschnittlichen Verpflegsdauer von 12 Tagen im Jahre 1862/63 und 20 Tagen im Jahre 1867.

Die Räumlichkeiten, welche die Klinik innegehabt hatte, nicht nur, sondern auch die ganze Wohnung, welche Professor Knapp für sich und seine Familie benutzt hatte, waren durch die Fürsorge des Ministeriums für das neue Staatsinstitut durch Vertrag mit dem Hauseigenthümer zunächst auf drei Jahre gesichert worden. Zwar wurde mir freigestellt die von der Knapp'schen Familie selbst bewohnten Räume ebenfalls als Privatwohnung zu benutzen.

Doch glaubte ich das Entgegenkommen der Regierung durch einen Verzicht darauf erwidern zu sollen. So wurde es möglich, speziell für den Unterricht zweckmässigere und ansehnlichere Räume und für die klinischen Kranken, bei gleichzeitiger Herabsetzung der Bettenanzahl auf 50 Betten, in sanitärer Hinsicht günstigere Verhältnisse zu schaffen.

Die Mittel zur Anschaffung der ersten Einrichtung wurden in liberalster Weise gewährt. Manches konnte von dem Inventar der Knapp'schen Klinik, soweit es aus Mitteln des Staatszuschusses herrührte, übernommen werden. Das Meiste wurde neu angeschafft. Die für Kranke der 1. und 2. Klasse bestimmten Möbel dienen heute noch dem gleichen Zwecke.

Besondere Erwähnung verdient, dass mir auch die Möglichkeit geboten wurde, die zum Unterricht und zu wissenschaftlichen Arbeiten dienenden Apparate und Vorrichtungen in grosser Vollständigkeit anzuschaffen, sowie ein eigenes Mikroskopirzimmer einzurichten, in dem auch die von Wien mitgebrachte Sammlung von pathologischen Präparaten ihre Aufstellung fand.

Wenn ich so meine klinische Thätigkeit unter verhältnissmässig günstigen Verhältnissen beginnen konnte, so hatte ich schon im Jahre 1872 Gelegenheit die äusseren Bedingungen noch erheblich besser zu gestalten, indem es gelang, das ganze Gebäude, in welchem sich die Augenklinik befand, in Miethe zu nehmen. Die zu ebener Erde nach der Strasse gelegenen Räumlichkeiten nebst den daranstossenden Hoftrakten wurden wieder vermiethet. Durch die Verlegung der Küche in das Erdgeschoss des Quertraktes wurden im 2. Stock Krankenzimmer gewonnen. Die Anzahl der Betten konnte auf 60 erhöht werden.

Diese Verhältnisse blieben bis zum Umzuge in die neue Klinik. Nur die Miethsumme musste nach Ablauf des bis 1876 laufenden Miethcontractes, da inzwischen das Haus den Besitzer gewechselt hatte, bedeutend erhöht werden.

Verschiedene Umstände hatten den bereits 1865 beschlossenen Neubau der Augenklinik verzögert. Zuerst litt sie, wie der Bau des ganzen Akademischen Krankenhauses, durch den Krieg, dann durch die Rücksicht auf andere, mittlerweile beschlossene Universitäts-institute. Doch wurde der Bau im Frühjahr 1876 endlich begonnen und dann so gefördert, dass er im April 1878 bezogen werden konnte. Dieser Aufschub, so schwer er zu tragen war, hatte mannig-fache Vortheile. Wenn die Klinik einerseits an gewisse Bedingungen, die von der Zusammengehörigkeit mit den übrigen, in den Rahmen des Akademischen Krankenhauses eingefügten Instituten abhingen, untrennbar gebunden war, so konnten andererseits manche Erfahrungen, die im Laufe der langen Bauzeit gemacht worden waren, nützlichst verwerthet werden.

I. Beschreibung der neuen Augenklinik.

1. Der Plan des Ganzen, Lage und äussere Bedingungen.

Wie die Klinik jetzt dasteht, ist sie ihrem Grundgedanken nach, wenn man sich so ausdrücken darf, ein Werk von K n a p p. Es sind in ihr die Grundsätze zum Ausdruck gekommen, welche er in seiner schon genannten Broschüre (S. 50) ausgesprochen hat. Es heisst da: „Das System der grossen Säle ist auf das Entschiedenste zu verwerfen. Zimmer mit 6 bis 10 Betten können der Bequemlichkeit der Wartung wegen für entzündliche Kranke gestattet sein. Daneben hat man aber einen grossen Bedarf von Zimmern mit 1, 2 und 3 Betten für die operirten Kranken. Diese sind aber an Zahl den übrigen mindestens gleich."

Ein zweiter Umstand, welcher bei dem Bau unserer Augenklinik Berücksichtigung finden und daher auf die Art ihrer Herstellung bestimmend einwirken musste, besteht darin, dass sie nicht eine vollständig selbstständige und unabhängige Anstalt ist, sondern dass sie von Anfang an als ein Theil eines grösseren Ganzen, des Akademischen Krankenhauses, gedacht worden ist.

Aus diesem Grunde sind gleich von vornherein für die Stellung des Gebäudes mit Rücksicht auf die Himmelsrichtung die Grundsätze maafsgebend gewesen, welche die Anordnung aller auf dem Terrain des Akademischen Krankenhauses stehenden Gebäude bestimmt haben.[1])

---

[1]) Nur beim Bau des chirurgischen Absonderungsbaues (1883) ist aus secundären Rücksichten davon abgewichen worden.

Diese sind in dem Werke von Professor Knauff[1]) eingehend
auseinander gesetzt und wissenschaftlich begründet.

Seinen Ausführungen entnehme ich, dass ein Gebäude bei südnördlicher Achsenstellung im Laufe des ganzen Jahres zwar mehr
Sonnenstrahlungswärme, als bei ostwestlicher Achsenstellung (im
Verhältniss von etwa 11:10) erhält; dieses Plus aber nur in der
warmen Jahreszeit zur Wirkung kommt, somit kein Gewinn ist.

Die ostwestliche Achsenstellung erhält dagegen während der
ganzen Dauer der kühlen und kalten Jahreszeit, der Heizperiode,
eine absolut grössere Menge von Strahlungswärme (im Verhältniss
von 6:5 der südnördlichen Stellung).

Die Beleuchtung in Form direkter Bestrahlung leidet bei südnördlicher Achsenstellung im Vergleich zur ostwestlichen an einem
Mangel im Winter-, an einer Ueberfülle im Sommerhalbjahr. In
räumlicher Vertheilung der direkten Strahlen, sowie auch in zeit-
licher nach Tag und Jahr, steht die erstere Achsenstellung der zweiten entschieden nach. Hinsichtlich des diffusen Lichtes ist die süd-
nördliche Achsenstellung insofern im Nachtheile, als wegen der Strah-
lung eine längere Abblendung jeglichen Lichtes nothwendig wird.

Zweifelhaft erscheint es dagegen, ob das Krankenzimmer bei südnördlicher Achsenstellung im Laufe des Jahres eine grössere Summe
chemisch-wirksamen Lichtes erhält, als bei ostwestlicher.

Die Fensterventilation artet bei südnördlicher Achsenstellung
während der kühlen Jahreszeit wegen der bei uns vorherrschend
westlichen Windrichtung leichter in eine lästige oder nachtheilige
Form aus, als bei ostwestlicher; in der warmen Jahreszeit muss sie
bei ersterer wegen Abblendung des Lichtes viel mehr beschränkt
werden, und eignet sich daher weniger zur Regulirung der Zimmer-
temperatur, als bei ostwestlicher Achsenstellung.

Dies alles gilt zunächst für Orte unserer nördlichen Breite-
grade (c. 49°) und mit ähnlichem Klima.

Es heisst daher S. 24 bei Knauff: „Es ist deshalb nicht vor-
gefasste Meinung, wenn die Franzosen die ostwestliche Axenstellung

---

[1]) Das neue Akademische Krankenhaus in Heidelberg. München. Fr.
Bassermann. 1879.

als die bessere betrachten, und nicht Zufall, dass die Engländer der Sache wenig Aufmerksamkeit schenken; die nördlichere Lage des Landes und die sprichwörtliche Trübe des Himmels berechtigen sie dazu. Für Deutschland aber wird bei genauer Erwägung die Entscheidung durchweg wie oben ausfallen müssen".

Was die Entfernung der Augenklinik von den sie umgebenden Gebäuden anbetrifft, so sind die Bedingungen sehr günstig. Dabei kommen, allgemein betrachtet, einmal die gegenseitige Beschränkung der Sonnenstrahlung, und sodann die Möglichkeit der Uebertragung schädlicher Emanationen, von Infectionskeimen, durch die Luft in Betracht.

Da es sich in Bezug auf die Sonnenstrahlung hauptsächlich um die Mittagsstrahlen handelt, so ist die Entfernung der Gebäude auf das Maafs zu beschränken, bei welchem während der Mittagsstunden die Schatten eines Gebäudes das rückwärts stehende oder mindestens dessen Fenster nicht erreichen.

Die Entfernung zweier Gebäude von einander wird gewöhnlich dahin normirt, dass sie zweimal die Höhe des vorstehenden Gebäudes betragen soll.

In Bezug auf die Möglichkeit der Uebertragung von Infectionskeimen besitzen wir allerdings keine zahlenmässig festgestellten Angaben über die Entfernung, bei welchen sie unmöglich wird; immerhin dürften die gleich anzuführenden thatsächlichen Entfernungen der Augenklinik von den sie umgebenden Gebäuden dafür sprechen, dass eine Uebertragung von Infectionskeimen selbst aus den nächststehenden chirurgischen Baracken sehr unwahrscheinlich ist.

Die Augenklinik liegt an dem Südende des 1865 vom Staat für den Neubau des Akademischen Krankenhauses erworbenen Terrains zwischen der Bergheimerstrasse und dem Neckar, zunächst der dort 16 Meter breiten Bergheimerstrasse. Von ihr wird sie dann noch durch einen 11 Meter tiefen Vorgarten getrennt, sodass ihre Front 27 Meter von der gegenüberliegenden Häuserreihe entfernt ist. Nach Osten liegt der Garten in einer Breite von 17 Meter zwischen der Klinik und dem Nachbarhause, und gegen Westen ist die Klinik durch den 23 Meter breiten Garten von der 9 Meter

breiten Hospitalstrasse getrennt. Jenseits dieser, also in einer Entfernung von 31,50 Meter, liegt erst das nächste Haus. Nordwärts befinden sich die Gebäude der chirurgischen Klinik. Die zunächst
stehenden Baracken sind 34,50 Meter von dem Hauptgebäude entfernt. Dieses ist also nach allen Seiten von freiem Gelände zwischen
17 und 34 Meter Breite umgeben.

Das Gebäude der Augenklinik besteht aus einem
dreistöckigen, 18 Meter hohen, 48 Meter langen und 11,5 Meter
tiefen Hauptbau, die Längsachse von Ost nach West, die Front
nach Süden gerichtet. Jedes Stockwerk hat eine Höhe von 4,5
Meter. An der Nordseite springt in der Mitte der Treppenbau
vor, in dem sich auf der einen Seite auch die Aborte, auf
der anderen die Theeküchen und die Badezimmer befinden. Von
der östlichen Ecke führt im Erdgeschosse ein auf Bogen ruhender,
breiter Gang von 7,35 Meter Länge zu dem 16 Meter weit gegen
Norden vorspringenden Operationsbau. Dieser, nur ein Stockwerk
hoch, enthält den Hörsaal, sowie zu den Seiten ein Dunkelzimmer
und ein Mikroskopir- und Sammlungszimmer, während der Verbindungsgang der Länge nach in ein offenes Wartezimmer und ein
Untersuchungszimmer im Tageslicht abgetheilt ist.

Das Hauptgebäude ist ein sogenannter Korridorbau, jedoch mit
der Einschränkung, dass am westlichen Ende jedes Stockwerks ein
grösseres Zimmer, Krankensaal, die ganze Breite des Gebäudes ein-
nimmt und am östlichen Ende ein dem Saale an Grösse entsprechender
Raum in vier kleinere Zimmer abgetheilt ist. Der nach Norden gelegene Korridor ist daher bei einer Hauslänge von 48 Meter nur 32 Meter
lang. In den 2,5 Meter breiten Korridor münden die Thüren vom Saale
und von 8 kleineren Zimmern verschiedener Grösse; von ihm aus
gelangt man in die östlich gelegenen kleineren Räume, auf der West-
seite der Treppe in die Küche, durch diese ins Badezimmer, auf der
Ostseite in die Aborte; eine fast 3 Meter breite Glasthüre vermittelt
die Verbindung mit dem Treppenhause.

Im Erdgeschoss ist die Vertheilung des Raumes im Allgemeinen dieselbe, wie im zweiten und dritten Stock, nur wird durch
die Hausthüre und den Hausgang das grössere nach Süden gelegene
Mittelzimmer in zwei Theile gesondert.

Unter dem ganzen Gebäude erstreckt sich dann das Untergeschoss, welches durch die Hauptmauern eine nahezu gleiche räum-
liche Theilung erhält, wie das Erdgeschoss.

Bestimmung der einzelnen Räumlichkeiten. Der
zweite und dritte Stock dient zur Aufnahme von Kranken, sowie
als Wohnung für die Assistenzärzte und die Wärterinnen. Im
dritten Stock sind der Saal (10 Betten) und Zimmer 48 und 49
für weibliche Kranke 3. Klasse bestimmt. Zimmer 49 mit 5
Betten dient als Operationszimmer, Zimmer 48 als Isolirzimmer
(2 Betten). Zu diesem Zwecke können aber auch noch bei Bedarf zwei heizbare Mansardenzimmer im vierten Stocke mit je 2
Betten verwendet werden. Die übrigen Zimmer 46, 47, 50, 51, 52,
54 sind in der Regel zur Aufnahme von Kranken 1. und 2. Kl.
hergerichtet (10 Betten). In Zimmer 45 schläft die Wärterin, zwei
Zimmer mit der Nummer 53 bilden die Wohnung des Assistenten.

Im zweiten Stockwerke sind der Saal (10 Betten), Zimmer 33,
34, 38, 40 mit je zwei Betten für männliche Kranke 3. Klasse
bestimmt. Zimmer 33 dient als Kataraktzimmer. Zimmer 32 ist
Privatzimmer 1. Klasse (1 Bett), Zimmer 36 und 38 sind Privatzimmer 2. Klasse (zu je zwei Betten). Zimmer 31 bewohnt die
Wärterin, die beiden Zimmer 39 der zweite Assistent.

Das grosse Mittelzimmer 35 ist Esszimmer. In diesem nehmen
alle Kranken 3. Klasse (Erwachsene und Kinder), welche nicht zu
Bett liegen oder isolirt werden müssen, sowie das weibliche Dienstpersonal ihre sämmtlichen Mahlzeiten ein.

Das Erdgeschoss ist durch den Eingang, den Hausflur, das
Treppenhaus und die Hinterthüre, welche vom untern Treppenpodest
aus in den Verbindungsgang zu den übrigen Krankenhäusern führt,
in zwei Abtheilungen getheilt.

Von dem Hausflur aus ist nur links (westlich) das Pförtner-
zimmer und rechts (östlich) das Wartezimmer erreichbar. Dann
hindern nur mit einem Drücker zu öffnende Glasthüren das weitere
Vordringen Unberufener.

Die westliche Glasthüre führt in die Kinderabtheilung. Sie
besteht aus einem Kindersaal mit 12 Betten (Zimmer 14), dem

Wärterinzimmer und zwei Isolirzimmern (16 und 17), in welchen je ein Bett für eine Erwachsene neben Kinderbetten, resp. Kinderkörben, steht.

Die Glasthüre gegenüber führt zu den für die Verwaltung und den Unterricht bestimmten Räumlichkeiten. Hier hat auch der Director sein Ansprachzimmer.

Der zu dem Unterrichtsbau führende Korridor ist mit Mettlacher Platten belegt. An ihm liegen ein Zimmer für die Apparatenschränke, welches auch als Wartezimmer und für die Geschäfte der Krankenhaus-Commission verwendet wird, das Zimmer des Directors und ein nach Süden gelegenes Dunkelzimmer, in welchem das Ophthalmometer aufgestellt ist. In dem Fensterladen befindet sich daselbst eine Vorrichtung für den Heliostaten.

Dann kommt das Schreib- und Kassenzimmer der Verwaltung und die für den eigenen Gebrauch der Oberin bestimmten Zimmer.

Von hier aus führt der bereits erwähnte Verbindungsbau zu den Unterrichtsräumen. In diesem Verbindungsbau ist ein zweites Wartezimmer zur Benutzung während der Ambulanz und nach Osten ein 7 Meter langes Zimmer für Untersuchungen im Tageslicht (Sehprüfungen, Refractionsbestimmungen, Perimeter). In ihm befinden sich ausserdem die nöthigen Einrichtungen für Harnuntersuchungen und ein Schrank für eine kleine Handbibliothek.

Der eigentliche Unterrichtsbau besteht aus dem Hör- und Operationssaal, der zugleich als Ambulanzlocal dient, einem Dunkelzimmer und dem Mikroskopirzimmer.

Der Hörsaal bildet fast ein Quadrat von etwas über 7 Meter Seite und hat eine Höhe von 6,5 Meter. Er erhält bei Tage sein Licht durch ein grosses gegen Norden gelegenes Fenster von 2,4 Meter Breite und 3,6 Meter Höhe, also 8,64 Quadratmeter Glas. Die schmalen eisernen Fenstersprossen bilden ein geeignetes Objekt für die Untersuchung der Hornhaut mittelst ihrer Spiegelbilder. Das Fenster kann von unten her zu einem Drittel durch einen Laden, von oben her durch einen undurchsichtigen Vorhang verdunkelt werden. Wird der Laden von unten heraufgezogen, so werden während der klinischen Demonstrationen die Köpfe der Zuhörer verdeckt, und auf der Hornhaut spiegelt sich das Fenster mit seinen rechtwinkligen Scheiben und Sprossen in vorzüglicher Schärfe und Nettigkeit.

Die Tafel an der Ostseite wird Abends durch eine Siemens'sche Gaslampe beleuchtet.

Das Augenspiegelzimmer hat schwarze Wände, Decke und Boden. Ein nach allen Seiten beweglicher Gasarm dient während der Vormittagsstunden den Bedürfnissen der Ambulanz und des Unterrichts.

Ausserdem befinden sich auf sieben Wandtischen noch sieben stellbare Gaslampen, sodass während des Augenspiegel-Unterrichts bequem 16 Zuhörer gleichzeitig untersuchen können.

In diesem Zimmer verdient die Art und Weise der ebenso vollständigen und einfachen, wie billigen Verdunkelung der Fenster eine besondere Erwähnung, da ich sie, als auf einer Idee des Herrn Architekten Schäfer beruhend, als neu und unbekannt ansehen darf. Es sind in jeden Rahmen zwei, an einer Seite durch Kienrussölfarbe schwarz gefärbte, gewöhnliche Fensterscheiben, mit der geschwärzten Seite einander zugekehrt, eingesetzt. Sie lassen absolut kein Licht durch und können weder durch zufällige Berührung noch beim Reinigen leiden, da die nicht gestrichenen Seiten der Scheiben nach aussen gekehrt sind.

In dem Nordfenster ist in der Holzverschalung des einen der beiden oberen Flügel ein kreisrunder, mit einer Klappe verschliessbarer Ausschnitt angebracht, wie ihn Arlt zur Augenspiegeluntersuchung im Tageslicht schon 1855 in Prag[1]) benutzt hat, wie er zu meiner Assistentenzeit auch im Hörsaale der Wiener Augenklinik hergestellt wurde, wo er 1864 von dem Professor Winterich gesehen wurde und ihm Veranlassung zu seiner bekannten Publication[2]) gab. Vor jeder der beiden mittleren Scheiben der unteren Flügel des Nordfensters ist die Förster'sche Schiebevorrichtung, die er bei seinem

---

[1]) F. Arlt, Meine Erlebnisse. Wiesbaden, Bergmann. 1887. S. 60.

[2]) Ueber die Benutzung des zweckmässig abgeblendeten zerstreuten Tageslichtes zur Oto-, Ophthalmo- und auch Laryngoskopie. — Medicinische Neuigkeiten, Erlangen 1864, No. 15.

Lichtsinnmesser[1]) benutzt, und die er bereits 1857[2]) beschrieben hat,
in vergrössertem Maaßstabe angebracht.

Durch jede dieser Vorrichtungen kann eine Oeffnung von 110 mm
im Quadrat hergestellt werden, durch welche, da sie nach aussen
durch mattes Glas abgeschlossen ist, diffuses Tageslicht in das sonst
verdunkelte Zimmer einfällt.

Durch Einsetzen von bunten Glasscheiben verschiedener Farbe
in eine der beiden Oeffnungen während beide Vorrichtungen geöffnet
sind, können farbige Schatten von vorzüglicher Schönheit hervorgerufen werden. Sie haben uns dazu gedient, die Stilling'sche
Methode der Untersuchung Farbenblinder mittelst farbiger Schatten
zu prüfen (Dissertation von Katz).

Durch Vergrössern und Verkleinern des weissen Quadrates lassen
sich bald der inducirende, bald der inducirte Schatten lichtschwächer
und lichtstärker machen. Darauf beruht die von mir angegebene
Methode der heterochromen Photometrie[3]).

Dieselbe Vorrichtung ohne die farbigen Gläser verwenden wir ferner
zur Lichtsinnmessung. Sind beide Quadrate vollständig geöffnet,
so erhält das Dunkelzimmer diffuses Tageslicht von 2×110 Quadrat-
millimeter Grundfläche. Der Untersucher, welcher mit normalem Lichtsinn ausgestattet sein muss, begiebt sich mit dem zu Untersuchenden
eine Zeit lang in das dunkle Zimmer, um die Augen möglichst zu
adaptiren. Dann stellen sich beide unter die Schiebervorrichtung
und sehen auf die 6—7 Meter gegenüberliegende Wand, an welcher
die Snellen'schen Tafeln weiss auf schwarzem Grunde und eine
Tafel mit gleichbreiten schwarzen und weissen Streifen aufgehängt
sind. Oeffnet nun der Untersuchende langsam den einen Schieber
und notirt die Seite des hellen Quadrates, bei welcher er selbst eben
auf der Snellen'schen Tafel den Unterschied von Weiss und Schwarz

[1]) Klinische Monatsbl. 1871, pag. 338.

[2]) Ueber Hemeralopie und die Anwendung eines Photometers in der Oph-
thalmologie, Breslau 1857.

[3]) Bericht über die XIII. Versammlung der Ophthalmolog. Gesellschaft in
Heidelberg 1881, S. 167.

wahrnimmt, so erhält er, wenn er dann weiter öffnet, bis der Unter-
suchte dieselbe Angabe macht, in der Seite des neu erhaltenen
Quadrates das Mittel, ein Verhältniss der beiden kleinsten licht-
gebenden Quadratflächen aufzustellen, bei welchem er und der Unter-
suchte eben Schwarz und Weiss wahrnimmt. Daraus lässt sich denn
der Grad der Herabsetzung des Lichtsinnes bei dem Kranken be-
rechnen. Durch zeitweise Wiederholung der Untersuchung lässt sich
für den Grad einer Besserung oder Verschlechterung des Lichtsinnes
ein numerischer Ausdruck gewinnen.

Es ist damit der Förster'sche Lichtsinnmesser mit dem Unterschiede hergestellt, dass der Arzt und der Kranke gleichsam selbst in dem
dunklen Kasten stehen, allerdings auch mit dem Unterschiede, dass
bei unserem Vorgehen die Beleuchtung keine constante ist, da das
Tageslicht von der Tageszeit, der Jahreszeit und der Bewölkung abhängt. Einigermaafsen ausgeglichen wird dieser Umstand dadurch,
dass, indem der normale Lichtsinn des Arztes jedesmal mitgemessen
wird, keine feststehende, sondern eine, der wechselnden Beleuchtung
entsprechende, wechselnde Grösse zum Vergleiche dient.

Mikroskopirzimmer. In dem östlich an den Hörsaal an-
stossenden Mikroskopirzimmer sind an den längs der Wände unter
den Fenstern angebrachten Tischen drei bequeme Arbeitsplätze für
mikroskopische Untersuchungen eingerichtet. In zwei grossen Schrän-
ken ist die Sammlung pathologischer Augen untergebracht, die sich
seit den kleinen, von Wien mitgebrachten Anfängen bis auf die stattliche Zahl von 1880 Nummern vergrössert hat.

Dieses reiche Material stammt zum grösseren Theile nicht aus
meiner eigenen Klinik, obgleich die an ihr vollführten 360 Enucleationen einen nicht unerheblichen Beitrag geliefert haben. Der Haupt-
sache nach verdanke ich es der wohlwollenden Unterstützung einer
Reihe von Kollegen, welche in selbstloser Weise die wissenschaftlichen Bestrebungen meiner Klinik unterstützt haben und noch unter-
stützen. Ich nenne hier dankbar vor allen Andern Arnold, Mooren,
Steffan, Krüger, Just und Cohn.

Viele der im Katalog verzeichneten Augen sind allerdings schon
dem Forschertriebe meiner Assistenten und Schüler zum Opfer ge-

fallen. Die dabei gewonnenen zahlreichen mikroskopischen Präparate sind zum grossen Theil, der Demonstrationen beim Unterricht wegen, aufbewahrt. Sie sind nicht allein die Grundlage zahlreicher Veröffentlichungen geworden, sondern bergen auch noch Stoff zu mancher bisher zurückgehaltenen wissenschaftlichen Arbeit.

Untergeschoss. Wissenschaftlichen Zwecken dient ferner der mit 8 bezeichnete Raum im Untergeschosse. Anfangs für Operationsübungen und mit Vivisectionen verbundene Untersuchungen bestimmt, ist er demgemäss mit Cementboden, Wasserleitung und Wasserablauf, sowie mit Gas versehen worden. Seit dem Herbst 1887 ist aber darin mit Bewilligung des Grhrzgl. Ministeriums ein kleines Laboratorium für bakteriologische Zwecke eingerichtet worden.

Im Untergeschosse befindet sich ferner im Westen unter dem Kindersaale eine Küche und hinter dieser eine geräumige Vorrathskammer. Da die Augenklinik die Speisen für die Hauptmahlzeiten aus der gemeinschaftlichen Küche des Akademischen Krankenhauses zugeführt erhält, dient die Küche jetzt nur zum Kochen des ersten Frühstückes und des Nachmittagskaffees, sowie als Spülküche.

Wie aus dem Plan des Untergeschosses (I) ersichtlich, dienen die andern Räumlichkeiten theils zu Magazinen, theils zur Aufstellung der Caloriferen und Aufbewahrung von Kohlen.

Durch die ganze Länge des Hauptgebäudes, sowie unter einem Theil des Unterrichtsbaues läuft noch unter dem Untergeschosse ein Luftkanal von 1,56 m Höhe und 1,27 m Breite, welcher den Caloriferen durch fünf nach aussen mündende Luftfänge frische Luft zuführt.

2. Die innere Einrichtung.

Bei der inneren Einrichtung kommen zunächst die der ganzen Klinik zu Gute kommenden Vorkehrungen für Heizung, Ventilation, Beleuchtung und Verdunkelung, Wasserversorgung und Kanalisation in Betracht.

Heizung und Ventilation. Um den lästigen und Staub erregenden Transport von Holz und Kohlen zu vermeiden, wird die Augenklinik durch Reinhart'sche Caloriferen, deren vier im Untergeschosse des Hauptbaues und einer unter dem Unterrichtsbau aufgestellt sind, geheizt, wie aus dem Plan (I) zu ersehen ist.

Die Luft, welche in den Heizraum eintritt, und die dann erwärmt durch die Luftkanäle in jeden einzelnen Raum der Klinik hinaufsteigt, wird den Caloriferen durch Vermittelung des unterhalb des Untergeschosses fortlaufenden Luftkanales zugeführt.

Alle erwärmte Luft, welche in die Zimmer eintritt, hat mithin in keinerlei Berührung mit irgend einem andern Raume der Klinik gestanden, sondern kommt von ausserhalb. Da die erwärmte Luft nirgends Feuchtigkeit absetzt, ist sie auch an sich nicht trocken, enthält vielmehr grade so viel Feuchtigkeit, wie die Luft im Freien um das Gebäude herum. Wenn diese Caloriferenheizung trotzdem eine in hohem Maafse austrocknende Wirkung ausübt, wie wir im Laufe der Jahre zur Genüge an allem Holzwerk der Zimmer, Thüren, Parquetten, Möbel, erfahren haben, so ist diess durch den raschen Luftwechsel in den Zimmern bedingt.

Dieser wird begünstigt durch Ventilationsschachte, die von jedem Zimmer innerhalb der Wände isolirt bis unter das Dach führen, wo sie im Speicherraume münden (Zimmerkanäle). Zwar ist bei der ersten Anlage darauf Bedacht genommen, sie bis über das Dach fortzuführen, und zwar dadurch, dass von dem Speicherraume geräumige Luftschachte bis unmittelbar an das Dach geführt worden sind, welche mit breiten eisernen Jalousien zur Aufnahme der einzelnen Zimmerschachte versehen sind, und in welchen ausserdem Gasbrenner zur Beförderung des Luftzuges angebracht werden können.

Da aber der Speicherraum in seinem Mauerwerk eine Anzahl unverglaster Luftlöcher besitzt, so ist versuchsweise von einem Einfangen der aus den Luftkanälen der Zimmer strömenden Luft und Fortleiten in die Luftschachte Umgang genommen. Es hat sich gezeigt, dass die Ventilation auch ohne dies gut spielt.

Im Sommer steht die Sonne auf dem Dache und erwärmt die Speicherluft, welche die obere Mündung der Ventilationskanäle umspült. Die aus den Zimmern kommende kältere Luft hat daher freien Austritt und wird geradezu angesogen; im Winter aber ist der Druck der aus den Caloriferen in die Zimmer austretenden warmen Luft stark genug, einen kräftigen aufsteigenden Luftstrom hervorzubringen.

Die Erneuerung der Luft, besonders in den Krankenzimmern, ginge daher ohne weitere Vorrichtungen schon genügend rasch von Statten. Das Wartepersonal hat nur darauf zu achten, dass die Heizöffnungen im Winter nach Bedarf, im Sommer beständig, und dass im Winter die unteren, im Sommer die oberen Klappen der Zimmerkanäle offen gehalten werden.

Der Architekt hat sich aber dabei nicht begnügt, sondern nicht nur in der Aussenwand der drei nach Westen gelegenen Säle noch sogen. Etagenkanäle angebracht, die, mit stellbaren Klappen versehen, eine regulirbare Menge Luft direct von aussen in die Säle führen, sondern hat auf meinen Wunsch die Nachtheile des Korridorbaues noch dadurch zu vermindern gesucht, dass er über jeder auf den Korridor mündenden Zimmerthüre eine verschliessbare, mit Drahtgitter versehene, viereckige Oeffnung in der Wand angebracht hat.

Wie aus dem Plan II und III ersichtlich, entspricht, mit Ausnahme der mittleren, dem Treppenhause gegenüberliegenden Zimmer, jeder Zimmerthüre ein Korridorfenster. Durch Oeffnen der Fenster und Thüre des Zimmers und des entsprechenden Gangfensters lässt sich also eben so wie in einer Baracke ein sogen. Gegenzug, die primitivste, ausgiebigste und sicherste Lüftungsart, herstellen, so dass wenige Minuten genügen, ein eben besetzt gewesenes Krankenzimmer mit reiner Luft zu erfüllen.

Da es aber nicht selten wünschenswerth ist, ein Zimmer gründlich und rasch zu lüften, ohne dass der oder die im Zimmer liegenden Kranken das Bett zu verlassen genöthigt sind, so erlauben die eigens zu dem Zwecke construirten Fenster, von deren Oberlichtern das eine von unten durch einen Hebel nach aussen, das andere mittelst einer Stange nach einwärts umzulegen ist, durch gleichzeitiges Inthätigkeitsetzen dieser Vorrichtung am Zimmer- und Gangfenster, sowie Oeffnen der oberhalb der Thüre angebrachten Klappe, über die Köpfe der im Bett liegenden Kranken hinweg, einen lebhaften Gegenzug hervorzubringen, gegen den, wenn er stark wird, die Kranken durch Bedecken des Kopfes leicht geschützt werden können.

Durch diese combinirten Lüftungsvorrichtungen kann Winter und Sommer ein sehr ausgiebiger und rascher Luftwechsel in den Zimmern und in den Gängen unterhalten werden.

Dem Nachtheile der stark austrocknenden Wirkung dieses raschen Luftwechsels ist versucht worden, durch Beimischung von Wasserdampf, aus den sogen. Wasserschiffen der Caloriferen, in den Heizraum, entgegen zu wirken. Wie gross der praktische Nutzen dieser Maafsregel ist, will ich dahin gestellt sein lassen. [1])

Beleuchtung. Bezüglich der Beleuchtung hat die Klinik wegen ihrer freien Lage bei Tage über Mangel an Licht nicht zu klagen; für künstliche Beleuchtung ist durch Gas gesorgt. Da es noch immer vorkommt, dass Leute vom Lande mit der Behandlung des Leuchtgases nicht vertraut sind und wohl in Versuchung kommen, die Flammen auszublasen, ist die Einrichtung getroffen, dass für jedes Zimmer allein die Leitung vom Gange her abgestellt werden kann, so dass die Wärterin, ohne das Zimmer betreten zu müssen, sich versichern kann, dass im Zimmer kein Gas brennen kann.

Verdunkelung. Da die Fenster fast aller Krankenzimmer gegen Süden liegen, war es grade für Zwecke der Behandlung von Augenkranken wichtig, in leicht ausführbarer Weise verschiedene Grade der Abdämpfung des Lichtes bis zur Herstellung vollständiger

---

[1]) Siehe: Die Behandlung der Heizungs- und Ventilationseinrichtungen in neuen akademischen Krankenhause in Heidelberg, von Bezirks-Bauinspector Schäfer. Heidelberg 1877.

Dunkelheit zu erzielen. Da ferner, worauf ich noch zurückkomme, die Anwendung von Geweben, Vorhängen, Stores u. s. w. ausgeschlossen sein sollte; da endlich trotz vollständiger Verdunkelung der Genuss der frischen Luft, im Sommer wenigstens, nicht entzogen werden wollte, so haben wir diess nach langer Ueberlegung durch zwei Arten von Läden vor den Südfenstern zu erreichen gesucht.

Unmittelbar hinter den nach innen zu sich öffnenden Fenstern befinden sich Rollläden, die auch bei geschlossenen Fenstern aufgezogen und niedergelassen werden können. Sie laufen in eisernen Rahmen, welche ihrerseits bei jeder Stellung der Läden nach aussen gestellt und durch eine einfache Vorrichtung sturmsicher befestigt werden können.

Da mit diesen Läden das Zimmer zwar vollständig verdunkelt werden kann, aber auch bei geöffneten Fenstern nur mit Abschluss der frischen Luft, so sind weiter aussen noch sogen. Jalousieläden angebracht, die selbst wieder mehr oder weniger geschlossen und festgestellt werden können. Dadurch lässt sich, wenn die äusseren Läden ganz geschlossen sind und die Rollläden so weit heruntergelassen werden, dass sie die Jalousie bedecken, das Zimmer ebenfalls ganz verdunkeln, und doch hat bei geöffneten Fenstern die äussere Luft freien Zutritt, da zwischen beiden Läden ein freier Zwischenraum von 10 Ctm. sich befindet.

Mit diesen doppelten Läden lässt sich mithin, je nachdem man sie einzeln oder miteinander in verschiedener Weise verwendet, die Helligkeit in den Zimmern in grosser Mannigfaltigkeit variiren.

Auf der beigegebenen Abbildung der Augenklinik sind diese verschiedenen Combinationen an den einzelnen Fenstern ersichtlich.

Ausserdem sind die Gangfenster auch mit Jalousieläden versehen. Verdunkelt man das Südfenster und öffnet man die Zimmerthür nach dem Gange, wenn dessen Läden mehr oder weniger geschlossen sind, so ist die Helligkeit im Zimmer wieder in anderer Weise abgeschwächt.

Durch diese Vorrichtungen sind die Nachtheile der nach Süden gerichteten Fenster der Krankenzimmer, die von Manchen stark betont werden, vollständig beseitigt. Die Läden, richtig behandelt, halten Winter und Sommer das Licht in dem Maafse ab, wie der Arzt es für seine Kranken im gegebenen Falle nur immer wünschen kann. Ebenso gelingt es bei zweckmässiger und rechtzeitiger Verwendung der Läden, den erwärmenden Einfluss der den ganzen Tag auf der Vorderseite des Hauses liegenden Sonne vollständig zu beseitigen. In den heissen Junitagen, in welchen ich diess schreibe, bietet die Augenklinik vielleicht einen der kühlsten Aufenthaltsorte in Heidelberg dar. Nicht nur steigt die Temperatur in den Zimmern kaum über 20° C., sondern die Kranken haben auch in dem nach Norden gelegenen Korridor Gelegenheit, in kühlem Schatten und frischer Luft sich behaglich zu ergehen.

Im Winter aber ist bei der Lage der Zimmer nach Süden der erwärmende, belebende, erfrischende Einfluss der Mittagssonne nicht hoch genug anzuschlagen.[1]

Wasserversorgung. Eine grosse Annehmlichkeit besitzt die Klinik in dem reichlichen Wasserverbrauche, den sie sich gestatten darf.

Das Akademische Krankenhaus besitzt eine eigene Kalt- und eine eigene Warm-Wasserleitung. Eine Dampfmaschine treibt das Pumpwerk, und dieselbe Feuerstelle, die die Maschine treibt, erwärmt das Wasser, welches sowohl den Zwecken der Küche und des Waschhauses dient, als auch das warme Wasser für alle Krankenzimmer und Nebenräume liefert.

Die Röhrenleitung ist so angelegt, dass die Temperatur des Wassers in der entfernten Augenklinik bei einigermaafsen grossem Bedarf bis auf 85° C. steigt. Abgesehen von der grossen Annehmlichkeit, in jedem Zimmer und in den Operations- und

---

[1] Besichtigt man die Lädenvorrichtungen im gegenwärtigen Augenblick, so stellen sie sich nicht in so vollkommener Weise dar, wie es der vorstehenden Beschreibung nach erwartet werden sollte. Diess ist aber nur durch die unvollkommene Ausführung, hauptsächlich durch das bereits erwähnte starke Schwinden des nicht vollständig trocken gewesenen Holzes durch die Luftheizung, wie durch die Einwirkung der Sonne auf die äusseren Läden bedingt. Mit einer gründlichen Ausbesserung haben wir noch gewartet, da uns bisher das Holz der Thüren und Läden noch immer nicht zur Ruhe gekommen zu sein scheint.

Arbeitsräumen warmes Wasser mit eigenem Ablaufe zur Verfügung zu haben, habe ich mit der Warmwasser-, wie mit der Kaltwasser-Leitung in den Sälen der beiden oberen Stockwerke die sogen. Leiter'schen Spiralen für warme und kalte Dauerumschläge auf's Auge in Verbindung gebracht. Dieselben gestatten, ohne weitere Inanspruchnahme des Aufsichtspersonals, solche Umschläge von nahezu gleichbleibender Temperatur den ganzen Tag, und selbst die Nacht, wenn es für nöthig gehalten wird, anzuwenden. Der ewige Wechsel von Kalt und Warm bei den gewöhnlichen Umschlägen wird vollständig vermieden. Die Kranken können sich dabei bewegen, selbst aufsetzen; und auch im Schlafe werden sie nicht gestört.

Ausser der eigenen Wasserleitung besteht noch ein Anschluss an die städtische Wasserleitung mit ihrem fast chemisch reinen Wolfsbrunnenwasser, das in den Gängen und in einzelnen Zimmern ein weiches, aber vorzüglich gesundes Trinkwasser liefert. Ein Wassermesser im Garten der Augenklinik registrirt den Verbrauch.

Kanalisation. Mit dem Wasser der eigenen Leitung werden auch die Tröge des Süvern'schen Abtrittsystemes, das im ganzen Akademischen Krankenhause eingeführt ist, durchspült. Einigen Unannehmlichkeiten, welche sich bei der Benutzung herausgestellt haben, ist durch Einsetzung emaillirter Trichter in die Sitze abgeholfen.

Alle Schmutzstoffe, das Abwasser aus den einzelnen Räumen und das Meteorwasser läuft, durch Siphonvorrichtung und Glockenverschlüsse gegen Zurückstauen der Gase geschützt, in einem gemeinschaftlichen Kanale in das Desinfectionshaus. (S. darüber Knauff, l. c. S. 39.)

3. Die Ausstattung der Zimmer etc.

Bei der inneren Ausstattung haben wir versucht, möglichst alles zu vermeiden, was Gelegenheit zur Ansiedlung von Infectionskeimen geben könnte und was die Reinhaltung der Räume erschweren möchte.

Ich habe deshalb von der Anwendung von Tapeten und von der Anbringung von Vorhängen und Gardinen durchaus abgesehen. Eine Ausnahme ist nur für die Zimmer der Oberin und der Aerzte und theilweise für die Wärterinnenzimmer gemacht worden.

Die Fussböden aller Räume der Klinik sind mit Parquetten, sog. Riemenböden, belegt. Obwohl sie ziemlich theuer in der Anlage sind und die Anwendung von Wasser zur Reinigung nicht gestatten, obwohl das oft wiederholte Abreiben mit Eisenspänen, sowie das Wichsen viel Arbeit macht und auch nicht gerade billig ist, haben sich die Böden anderen gegenüber, die im Krankenhause in Anwendung stehen oder standen, sehr bewährt.

Die Wände aller Zimmer, der Gänge, des Treppenhauses sind bis zur vollen Höhe in gleicher Weise mit Oelfarbe gestrichen. Nach mancherlei Versuchen haben wir eine grau-grüne Farbe gewählt, die dem Auge fast neutral erscheint und zu der rothen Farbe des Sandsteins der Treppe und dem braunen Tone der Fussböden und des andern Holzwerks einen angenehmen Gegensatz bildet. Einige andersfarbige Linien, mit welchen die Felder eingefasst sind, nehmen den Wänden den Eindruck der Eintönigkeit.

In den Zimmern besteht der einzige Schmuck, wenn man es so nennen darf, in aus Holz nachgeahmten, kurzen Vorhängen, welche die oben über den Fenstern angebrachten Kästen der Rollläden verdecken. In jedem Zimmer befindet sich ein feststehender Waschtisch mit Krahnen für kaltes und warmes Wasser.

Da sämmtliche Einzelzimmer die gleiche Ausstattung der Wände, Böden, Decken und Fenster besitzen, hat diess den Vortheil, dass nur durch Wechseln der Möbel jedes Zimmer nach Maafsgabe des augenblicklichen Bedarfs in wenigen Minuten als ein Zimmer 1., 2. oder 3. Klasse eingerichtet werden kann.

Die Möbel für die 1. Klasse sind nussbaum fournirt und stammen grösstentheils noch aus der alten Klinik. Die Betten haben Springfederroste. Die Betten der 3. Klasse haben eiserne Gestelle mit Drahtrosten (aus der Schorndorfer Fabrik). Die 2. Klasse hat theils hölzerne, theils eiserne Bettstellen. Die Kinderbetten sind nach einem Muster der damals unter der Leitung von Professor Wyss stehenden Züricher Kinderklinik in etwas stärkerer Construction von Lipowsky (Heidelberg) 1878 hergestellt und haben seitdem ihrer grossen praktischen Brauchbarkeit wegen schon wiederholt zu Bestellungen nach auswärts Veranlassung gegeben. In allen drei Klassen verwende ich nur (1 theilige oder 3 theilige) Rosshaarmatratzen.

Besonderes Gewicht habe ich auf die Bettwäsche gelegt, die nach den 3 Klassen von verschiedener Feinheit den weitest gehenden Ansprüchen genügt.

Der Garten. Ich kann die Beschreibung der Klinik nicht abschliessen, ohne des bald nach Vollendung des Baues angelegten Gartens zu erwähnen, der sie von allen Seiten umgiebt. Schon jetzt bietet er den Augenkranken nicht nur eine bequeme Gelegenheit zur Bewegung in freier Luft, sondern in den heissen Sommertagen hinreichend Schatten, während die vielen Coniferen im Winter einen auch kranken Augen angenehmen Anblick gewähren.

Sehr bewährt sich ein grosser, von Platanen und Ahorn beschatteter Spielplatz für Kinder, der fusshoch mit trockenem Sande bedeckt und mit Bänken versehen ist. Die Kinder bringen die heissen Sommertage grösstentheils auf ihm zu. Durch das Herumwühlen im Sande schmutzig geworden, veranlassen sie die Wärterin, sie einigemal mehr im Tage zu waschen, was der Gesundheit der kleinen, meist scrophulösen Kinder nur zuträglich ist.

Die während des Baues lithographirten Uebersichtspläne sind längst in andere Hände übergegangen. Es konnte nicht fehlen, dass der mit so viel Sorgfalt geplante und im Ganzen in entsprechender Weise ausgeführte Neubau die Aufmerksamkeit der Fachgenossen und der mit dem Neubau einer Augenklinik betrauten Behörden und Baumeister erregte. Der Besuch der Klinik von Seiten der letzteren ist daher auch ein sehr reger gewesen; und wer nicht selbst kommen und in Augenschein nehmen konnte, erbat sich die Pläne. Auch die Urtheile Fremder sind meist günstig ausgefallen. Nicht ohne Interesse liest man, was sie loben und tadeln. In einem kürzlich erhaltenen Aufsatze[1]) heisst es S. 12 über die Klinik; „In his (Beckers) company I visited the various wards of the hospital. Everything is scrupulously neat." „They (the patients of the third class) wear a sort of uniform, consisting of clean linen suits and slippers and thereby wor, vastly better and more wholesome, than if they were allowed to wear their own, generally dirty clothes." Ein anderer Besucher[2]) nennt die Klinik — „briefly described as immaculately clean and completely equipped." Doch findet er auch zu tadeln: „The only objectionable feature I find are the floors, these are of hard wood and so polished that for any other people than slow, steady-moving Germans they would be a constant source for fractured skulls and broken limbs."

Auch an mündlicher Anerkennung fehlt es nicht. Doch bezieht sich diese immer zunächst auf die ausserordentliche Reinlichkeit, die man also, wie ich daraus schliessen möchte, nicht überall in gleichem Maafse findet. Reinlichkeit ist aber, kann man sagen, ein Luxus; wenn auch in einem Krankenhause ein sehr berechtigter; und jeder Luxus kostet Geld. Der Luxus der Reinlichkeit ist ohne hinreichendes Personal nicht durchführbar.

So bereitwillig nun auch die Art anerkannt wird, in welcher die Augenklinik geführt wird, so eifrig die Pläne verlangt worden sind, so habe ich doch nicht wahrgenommen, dass die Grundsätze,

---

[1]) Foreign sketches chiefly notes from the German Eye Clinics by Harold Vilson. M. D. Ann Arbor, Michigan.

[2]) Brief von Char. W. Dodd, M. D., an den Herausgeber von The Cincinnati Lancet-Clinic. Octob. 29., 1887, S. 518.

nach denen wir gebaut und eingerichtet haben, viel Nachahmung gefunden haben.

Es dürfte daher eine unbefangene Selbstbeurtheilung nach zehnjährigem ununterbrochenem Betriebe angezeigt sein. Das Urtheil lässt sich kurz in die wenigen Worte zusammenfassen: Wenn ich noch einmal zu bauen hätte, so würde ich nach den gewonnenen Erfahrungen nicht viel anders bauen. Darunter verstehe ich: Ich würde den dem Bau zu Grunde liegenden Hauptgedanken beibehalten und nur weniges ändern, aber allerdings einiges hinzufügen.

Korridorbau, mit ostwestlicher Längsachse, die Zimmer nach Süden, den Gang nach Norden, in jedem Stockwerke ein grösseres gemeinschaftliches Zimmer (Krankensaal) und übrigens kleinere Zimmer für ein oder zwei Betten. Im Erdgeschoss die Kinderabtheilung und die Räume für die Verwaltung und den Unterricht durch den Haupteingang und das Treppenhaus getrennt. Von den oberen Stockwerken, wenn keine Privatkranken Aufnahme finden sollen, das eine für Männer, das andere für Frauen bestimmt; wenn die Klinik aber auch für die Aufnahme sog. Pensionäre dienen soll, das zweite Stockwerk zur Hälfte für Männer und zur Hälfte für Frauen 3. Klasse einrichten und die sämmtlichen Kranken 1. und 2. Klasse in das dritte Stockwerk verlegen. Dann muss das Treppenhaus, um Platz für 2 Küchen, 2 Badezimmer und zwei Aborte zu gewinnen, weiter gegen Norden vorspringen und durch einen Gang mit dem Hauptgebäude zusammenhängen. Der Unterrichtsbau am östlichen Ende bleibt; ein eigenes Ambulanz- und Untersuchungszimmer müsste aber neben dem Wartezimmer zunächst dem Haupteingange liegen. Die Küche im Souterrain wie sie jetzt vorgesehen, oder am westlichen Ende vorspringen, wie östlich der Unterrichtsbau. Vor allem aber den Korridor mindestens noch 0,5 oder 1 Meter breiter -- alles Uebrige, Souterrain, Heizung, Ventilation, Beleuchtung und Verdunkelung, Kalt- und Warmwasserleitung wie bisher, nur sorgfältiger und vielleicht auch geschmackvoller ausführen, als dies bei uns der Fall ist.

4. Allgemeine Disposition der Räume mit Bezug auf die Geschäfte des Tages.

Die Gesammtdisposition über die Räume der Klinik gestaltet sich also in der Weise, dass man beim Eintritt links die Pförtnerstube, rechts das Wartezimmer hat. Das Podest der kleinen Treppe ist durch drei Glasthüren abgeschlossen, welche nur durch eigene, im Besitze des Personals befindliche Drücker geöffnet werden können. Die Glasthüre links führt in die Kinderabtheilung, die mittlere zu der Treppe in die oberen Stockwerke, also in den Männer- und in den Frauen-Stock, sowie zu der Treppe für das Untergeschoss und für den Verbindungsgang zu den übrigen Gebäuden des Krankenhauses, die Thüre rechts in die Räume für das Ambulatorium, den Unterricht und die Verwaltung.

Die Geschäfte des Tages erledigen sich nun in der Weise, dass die Kranken, welche in der Frühe von auswärts kommen, — in einem kleinen Orte bilden sie die Mehrzahl — bis 10 Uhr in dem Wartezimmer sich aufhalten. Die Morgenvisite pflegt dann beendet zu sein. Nach derselben wird die Glasthüre rechts geöffnet, und die Patienten begeben sich durch den Korridor in den als zweites Wartezimmer dienenden Gang vor dem Hörsaale, von wo sie der Reihe nach aufgerufen, untersucht und behandelt werden, wenn nicht etwa ihre Aufnahme in die stationäre Klinik nothwendig wird.

Täglich von 12—1 Uhr findet der klinische Unterricht statt. Nach demselben werden die Hausthüre und die Glasthüre am Eingange, die von 10—1 Uhr offen stehen, wieder geschlossen, um nur des Nachmittags von 4—5 Uhr für die Studirenden, welche an den Nachmittagscursen Theil nehmen, geöffnet zu werden.

Mängel und Wünsche. Berücksichtigt man die in zahlreichen Schriften der letzten Decennien laut gewordenen Ansprüche an den Betrieb einer Augenheilanstalt, so sind einige als dringend nothwendig empfohlene Bedingungen in der Heidelberger Augenklinik nicht erfüllt. So wird es nicht mit Unrecht beanstandet werden, dass die nur das Ambulatorium besuchenden Kranken mit ihren Begleitern gezwungen sind, einen so weiten Weg im Innern der Klinik bis zum Ordinationslokal zurückzulegen. Es ist das ein Uebelstand, der sich allerdings in zehnjähriger Praxis verhältnissmässig selten und in geringerem Grade geltend gemacht hat, als wir gefürchtet haben, den wir aber doch gar zu gerne vermieden hätten. Auch hätte er vermieden werden können, wenn die Augenklinik ein für sich alleinstehendes Institut wäre.

Da aber die Augenklinik rückwärts einen Ausgang nach dem Verwaltungsgebäude, der Küche und dem Garten haben muss, so bestand eine unabweisbare Nöthigung, die vordere und hintere Thür gleichzeitig von dem Pförtner überwachen lassen zu können, was bei der jetzigen Anordnung leicht möglich ist.

Wäre etwa ostwärts bei 24 die Eingangsthür und das Wartezimmer angebracht worden, so wäre zwar der erwähnte Uebelstand beseitigt, andererseits hätten aber nun alle, die stationären Kranken Besuchenden die halbe Länge des Hauses durchschreiten müssen, was noch lästiger gewesen wäre. Oder es hätten zwei Eingänge gewählt werden müssen, was wieder Raumvergeudung zur Folge gehabt hätte.

Aus demselben Grunde hat auch der Vorgarten vor der Hausthüre durch hohe Gitter seitlich abgesperrt werden müssen, damit nicht etwa jemand Unbefugtes unbemerkt in das Gelände des Krankenhauses eindringen kann.

Eine andere Einrichtung, auf welche von mancher Seite grosses Gewicht gelegt wird, ist eine absolute, rigoröse Trennung der Geschlechter, die so weit getrieben wird, dass in der Genfer Augenklinik sogar zwei getrennte Treppen, für Frauen und Männer, nöthig gefunden sind. Für unsere Bevölkerung ist ein so weit gehendes Misstrauen bei dem Verkehr beider Geschlechter unberechtigt. Eine Treppe dient beiden Stockwerken für den Verkehr von Männern und Frauen, klinischen und Privat-Kranken. Bei Raummangel in einem Stockwerke trage ich kein Bedenken, selbst die Trennung der Geschlechter nach Stockwerken ausser Acht zu lassen.

Die Klinik entbehrt eines eigenen Hörsaales mit feststehenden Bänken und eines eigenen Operationszimmers. In demselben Saale, in welchem die Ambulanz abgefertigt wird, werden vor Beginn des klinischen Unterrichts Stühle, und zu den Vorlesungen Tische und Stühle für die Zuhörer aufgestellt. Es haben so ohne Beschwerde 50—60 Zuhörer Platz.

Als das Krankenhaus geplant wurde, war die Anzahl der inscribirten Mediziner in Heidelberg so gering, dass die für sie bestimmten Räume, sowohl in der medizinischen wie chirurgischen Klinik, reichlich gross erschienen. Bald stellte sich jedoch heraus, dass die Regierung und die klinischen Directoren in ihren Erwartungen und Hoffnungen zu bescheiden gewesen waren. Der Director der chirurgischen Klinik ersehnt seit Jahren einen geräumigeren Operationssaal, für die medizinische Klinik ist ein grösserer Hörsaal dringendes Bedürfniss, und in beiden Kliniken haben die Warträume in die Gänge des Verwaltungsbaues oder ins Freie verlegt werden müssen.

Auch in der Augenklinik wäre ein zweiter Hörsaal sehr erwünscht, damit der jetzige für die Abhaltung der Ambulanz und der klinischen Vorstellung reservirt bleiben könnte.

Doch besitzt die Augenklinik durch ihre ganze Anlage eine zwar unbeabsichtigte, aber darum nicht minder grosse Annehmlichkeit, die ich nicht unerwähnt lassen will. Da in dem breiten nach Norden gelegenen Korridor aller Stockwerke jedem Zimmer ein Nordfenster gegenüber liegt, so lässt sich kein besseres Licht und kein bequemerer Ort zur Operation des Kranken denken, der das Zimmer bewohnt, als eben auf dem Gange vor dem betreffenden Fenster. Für alle Operationen, welche ich auf dem Operationsstuhle mache, für Iridektomieen insbesondere, mache ich mit Vorliebe davon Gebrauch. Nach vollendeter Operation wird der Kranke leicht in das Zimmer hineingeschoben und ins Bett gebracht.

II. Die Verwaltung der Augenklinik.

In der Knapp'schen Klinik, aus welcher die Universitäts-Augenklinik hervorgegangen ist, führte Frau Knapp die Verwaltung mit Hilfe einer Dame, welche den Titel Oberwärterin führte. Diese übernahm nach dem Uebergange der Klinik an die Universität zu ihren bisherigen auch noch alle bis dahin von der Frau vom Hause besorgten Geschäfte, und damit selbst die Stellung der Hausfrau. Sie führte die Bücher und die Kasse, besorgte die ganze geschäftliche Korrespondenz, sowie die Aufnahmen und Entlassungen, hatte die Aufsicht über das Inventar und die Küche, sowie über das Personal der Klinik, Wärterinnen, Köchin, Hausmädchen und Diener. Zur Betheiligung an der Wartung blieb ihr weder Zeit, noch war sie dazu geschult.

Der Name wurde daher bald in „Verwalterin" umgeändert und seit dem Eintritte in den Verband des Akademischen Krankenhauses durch „Oberin" ersetzt.

In der neuen Klinik fiel die Sorge für die Küche fort.

Wie schon erwähnt, werden die Hauptmahlzeiten für die Kranken, wie für das Personal der Klinik von der gemeinsamen Küche des Akademischen Krankenhauses geliefert. Da diese recht entfernt liegt, ist es leider, besonders im Winter, oft der Fall, dass das Essen kalt in die Klinik kommt.

So angenehm es ist, die Küche und damit den Küchengeruch nicht im Hause zu haben, so überwiegen die Nachtheile dieser Einrichtung doch bedeutend. Da ein hinreichend grosser Küchenraum (s. o.) im Untergeschoss vorhanden ist, so wird es wohl noch einmal dahin kommen, dass der Küchenbetrieb für die Augenklinik von der gemeinsamen Küche abgetrennt und in die Augenklinik verlegt wird.

Trotzdem sind die Aufgaben der Verwaltung viel umfangreichere, als früher.

In der alten Klinik wurden die Bücher und die Kasse unter der Verantwortung des Directors von der Verwaltung in der denkbar einfachsten Weise geführt. Alle Monate wurde der Kassenbestand an die Universitätskasse abgeführt. Damit hörte alle und jede Verantwortlichkeit des Directors auf.

In der neuen Klinik ist die Buchführung nach den Anordnungen der Oberrechnungskammer eingerichtet. Der Director der Klinik hat mit dem finanziellen Theil der Verwaltung nichts zu thun. Die Oberin jedoch stellt Kaution und führt eine sog. Hilfskasse. Jede Woche wird von der Verwaltung des Akademischen Krankenhauses mit der Oberin abgerechnet. Doch ist letztere der Oberrechnungskammer nach Prüfung der Jahresrechnungen für jeden Fehler noch verantwortlich.

Wie sehr dadurch und durch die Korrespondenz mit den Angehörigen der Kranken, den Gemeinden, Kreisen und Krankenkassen die Arbeiten gesteigert sind, lässt ein Blick auf die Aufnahmsmodalitäten erkennen.

Bedingungen der Krankenaufnahme in die stationäre Klinik. Die Aufnahme von Kranken findet, wie überhaupt im Akademischen Krankenhause, so auch in der Augenklinik nach drei Verpflegsklassen statt. Die Kranken 1. und 2. Klasse sind sog. Privatpatienten und entrichten im Allgemeinen die Verpflegsgebühren (in der 1. Klasse 7 M. im Sommer, 8 M. im Winter, in der 2. Klasse 5 M. im Sommer, 5 M. 50 Pfg. im Winter) aus eigenen Mitteln. Kranke 1. Klasse haben Anspruch auf ein Zimmer, während die Patienten 2. Klasse sich, wenn der Platz beschränkt ist, gefallen lassen müssen, zu zweit in einem Zimmer untergebracht zu werden. Ausserdem sind die Zimmer 1. Klasse besser möblirt, die Betten haben feinere Wäsche, die Verköstigung ist gewählter.

Für die Verpflegsgebühr erhalten die Kranken 1. und 2. Klasse Wohnung mit Heizung und Beleuchtung, Verköstigung ohne Getränke (Wein und Bier) und Verpflegung (ohne die Medikamente, die besonders bezahlt werden müssen). Zur Vorstellung beim Unterricht werden diese Kranken nur mit ihrer Einwilligung verwendet. Die Kranken 3. Klasse haben keinen Anspruch auf ein besonderes Zimmer und tragen Spitalskleider, erhalten aber die ihnen vom Arzte verordneten Getränke auch gratis. Sie bilden das eigentliche Material für den klinischen Unterricht.

Die normalmässige tägliche Verpflegsgebühr beträgt 2 Mark. Für die grössere Anzahl der in dieser Klasse aufzunehmenden Kranken gilt jedoch vertragsmässig ein geringerer Satz.

Solche Verträge, und zwar gleichlautende, bestehen schon von 1868 an mit den Badischen Kreisen Heidelberg, Karlsruhe, Mannheim und Mosbach.

Nach § 6 des Vertrages erfolgt die Aufnahme eines kreisarmen Augenkranken, wenn der Director der Klinik den Kranken in ärztlicher Beziehung zur Aufnahme geeignet findet. Die Verpflegskosten, für welche der Kreis einzutreten hat, betragen 1 Mark. Bei augenkranken Kindern unter zwei Jahren kann gestattet werden, dass die Mutter oder eine Begleiterin mit in die Anstalt aufgenommen wird. In diesem Falle beträgt das Pflegegeld für die Mutter oder Begleiterin täglich 1 Mark, für das Kind täglich 50 Pfg.

Dem weitgehenden Vertrauen, welches die Kreise dem Director der Augenklinik entgegenbringen, indem er allein über die Aufnahme entscheidet, entspricht die Gegenleistung des abnorm niedrigen Verpflegnngssatzes.

Ausserdem nimmt die Augenklinik an allen, neuerdings mit den in Folge des Unfallversicherungsgesetzes vom 6. Juni 1884 entstandenen Ortskrankenkassen und einer grossen Anzahl von Krankenversicherungskassen von Gemeinden, industriellen Unternehmungen und Fabriken von der Verwaltung des Akademischen Krankenhauses abgeschlossenen Verträgen theil, laut welchen die Versicherten gegen eine tägliche Verpflegsgebühr von 1 M. 70 Pfg. aufgenommen und behandelt werden.

Der Director der Klinik hat dann noch die ausdrücklich zu-
gestandene Berechtigung, für 10°/₀ aller Verpflegungstage Kranke,
die ein wissenschaftliches oder ein Interesse für den Unterricht bieten,
unsonst aufzunehmen. Die Bedeutung dieser Berechtigung erhellt
daraus, dass bei einer jährlichen Anzahl von durchschnittlich 17000
bis 18000 Verpflegstagen 1700 bis 1800 Tage dem Director zu freier
Verfügung stehen.

Das Dienstpersonal besteht aus drei, dem Karlsruher Frauen-
vereine angehörigen Wärterinnen, 4 oder 5 Hausmädchen und dem
Pförtner. In jedem der drei Stockwerke versieht eine der Wärterinnen
den Wartedienst. Ihre Zimmer (15, 31, 45) liegen unmittelbar
neben den Krankensälen. Für die gröbere Arbeit, das Reinigen der
Zimmer, das Reinhalten der Gänge, das Herrichten der Bäder, das
Ausspeisen, die Bedienung der Oberin und der Assistenzärzte, ist
ihnen ein Hausmädchen beigegeben.

In der Küche ist eine ältere Person oder sind zwei jüngere
Mädchen beschäftigt. Ausser dem Kaffeekochen haben diese alles
Geschirr für sämmtliche Mahlzeiten die Treppen hinauf und wieder
herunter zu tragen, es zu reinigen u. s. w. Kommt der Esswagen,
so ist es ihre Sache, die Speisen richtig zu vertheilen, nachdem sie
in das Esszimmer geschafft worden sind u. s. w. Der Dienst der
Hausmädchen ist ein schwerer, da, wie oben schon erwähnt, das
Reinhalten der Böden viel Arbeit macht und, wie wir gleich sehen
werden, der Krankenstand recht oft ein sehr hoher ist.

Dem Pförtner fällt die Bewachung der Hausthüren, das Reinhalten der Unterrichtsräume, die Bedienung während des Unterrichts
und der Operationen und die Besorgung aller Gänge und Be-
sorgungen in der Stadt zu.

Nur durch ein ruhiges, planmässiges Ineinandergreifen aller
Bediensteten ist mit so geringem Personal der umfangreiche Betrieb
ohne Störung durchzuführen.

III. Aerztlicher Betrieb.

1. Aerztliches Personal.

Den ärztlichen Dienst in der Klinik versehen neben dem Director zwei im Hause wohnende Assistenzärzte. Schon durch die Lage ihrer Zimmer übt jeder von diesen über eines der beiden oberen Stockwerke, über Kranke und Wärterin, eine besondere Aufsicht. Da die Kinderabtheilung zur ebenen Erde liegt, steht sie den Tag über, weil leicht zugänglich, unter gemeinschaftlicher Aufsicht des Directors, der Oberin und der Assistenzärzte. In die Führung der Krankengeschichten theilen sich beide Aerzte nach wechselndem Uebereinkommen.

Morgens 9 Uhr macht der Director mit den Aerzten die Visite, von 10—12 wird von den Assistenten die Ambulanz, von 12 1 Uhr wird Klinik gehalten und operirt. Ein Theil der Operationen, zumal an den Kranken der beiden ersten Klassen, wird vor der Klinik ohne Beisein der Zuhörer vorgenommen. Die Specialcurse (Augenspiegel und Operationscurse) werden Nachmittags gehalten.

Die Nachmittagsvisite wird von den Assistenten gemacht.

Ein dritter Assistent besorgt die auswärtigen Ambulatorien.

2. Das Krankenmaterial.

Die Verhältnisse, welche auf das Krankenmaterial einer Augenklinik in einem gegebenen Orte Einfluss haben, bestehen, ausser der Persönlichkeit der an ihr wirkenden Aerzte, in der Dichtigkeit der Bevölkerung, der Menge der Communicationsmittel und der Anzahl der an dem Orte und in der Nachbarschaft praktizirenden Augenärzte.

In grossen Städten wird die Zahl der Ambulanten im Verhältniss zu den in der Klinik selbst verpflegten Kranken sehr gross sein. In kleinen Städten müssen die Augenheilanstalten über einen relativ grossen Belegraum verfügen können. Viele Kranke, welche, wenn sie nur ein paar Strassen weit wohnen und daher täglich sich vorstellen können, der ambulatorischen Behandlung zugänglich sind, müssen aufgenommen werden, wenn sie auch nur aus einer Entfernung von wenigen Meilen kommen.

In Berlin wohnen beispielsweise auf wenigen Quadratkilometern ungefähr so viele Menschen, wie im ganzen Grossherzogthum Baden mit seinen 15000 Quadratkilometern. Daran hat sich in den 20 Jahren, während welcher ich die Heidelberger Augenklinik leite, nichts geändert.

Die Leichtigkeit der Communication hat dagegen durch immer neue Eisenbahnbauten sehr zugenommen, und das erleichtert den Besuch des Ambulatoriums in Heidelberg sehr.

Im entgegengesetzten Sinne beeinflusst selbstverständlich die um mehr als das Doppelte gesteigerte Anzahl der Fachgenossen in den benachbarten Städten den Besuch der Klinik. Wenn trotzdem die Frequenz der Heidelberger Augenklinik mit den Jahren zugenommen hat, wie Tabelle 1 zeigt, so suchen wir dafür die Erklärung zum Theil in der Stetigkeit der von ihr ausgehenden Wirksamkeit, und spricht dies mindestens nicht gegen die erzielten Erfolge.

3. Die auswärtigen Ambulatorien der Augenklinik.

Von nicht geringer Bedeutung für die Augenklinik in Heidelberg als Unterrichtsanstalt sind, weniger was die Zahl der hilfesuchenden Kranken, als was die Wichtigkeit der Fälle betrifft, die auswärtigen Ambulatorien der Augenklinik.

Als ich im Oktober 1868 die Direction der Augenklinik übernahm, fand ich die Einrichtung vor, dass mein Vorgänger im Interesse der Klinik 2 mal wöchentlich, Mittwochs und Samstags, nach Mannheim gegangen war, um den Mannheimern und den Ueberrheinern Gelegenheit zu geben, sich dort Auskunft zu verschaffen, ob ihre Aufnahme in die Klinik nothwendig sei oder nicht.

Auf den Rath meiner damaligen Kollegen, Friedreich und Simon, trat ich auch diese Hinterlassenschaft an, „um das Material zusammenzuhalten." Ich überzeugte mich bald, dass die Vortheile für den Besuch der Klinik nicht gering waren, besonders deshalb, weil bis weit in die bayerische Pfalz hinein die Augenkranken, wenn sie den Heidelberger Augenarzt in Mannheim sprechen konnten, nur einen halben Tag mit der Fahrt versäumten, während ein Besuch in Heidelberg einen ganzen Tag in Anspruch nahm. Andererseits widerstrebte es mir, da naturgemäss auch zahlende Kranke diese Sprechstunden besuchten, den Schein auf mich zu laden, als reise ich des Erwerbs wegen den Kranken entgegen.

Auf meine Darstellung der Sachlage wurde dann mittelst Erlasses vom 6. Juni 1872 vom Grossh. Ministerium genehmigt, dass die Kosten des Mannheimer Ambulatoriums, welches damals in einem Privathause abgehalten wurde, auf die Dotation der Augenklinik übernommen werden konnten und einer der Assistenzärzte das Ambulatorium abhalten dürfte.

Um dem Ambulatorium in noch höherem Maafse einen offiziellen Charakter zu verleihen, wurde es bei bereitwilligem Entgegenkommen der Armenkommission in Mannheim im Frühjahr 1877 in das dortige Allgemeine Krankenhaus verlegt, und da nun der Miethzins für das Lokal entfiel, dem das Ambulatorium besorgenden Assistenzarzte für seine Auslagen eine jährliche Entschädigung bewilligt. (Minist.-Erlass v. 23. März 1877 No. 4639.)

Im Jahre 1882 wurde vom Kreisausschusse des Kreises Mosbach angeregt, im Interesse der östlichen Gemeinden des Kreises ein wöchentlich abzuhaltendes Ambulatorium für Augenkranke in Landa einzurichten. Ich glaubte mich trotz der grossen Schwierigkeiten, die sich mir bei dem Zustandekommen dieses Planes entgegen zu stellen schienen, zu Unterhandlungen bereit erklären zu sollen. In kaum vorherzusehender Weise konnte bei dem Interesse, welches sowohl das Ministerium der Justiz, des Kultus und Unterrichts, wie das Ministerium des Innern an der Angelegenheit nahmen, dem Wunsche des Kreisausschusses Mosbach schon im Frühjahr 1883 entsprochen werden.

Es wurde der Augenklinik die Anstellung eines dritten Assistenten bewilligt, dem auch das Mannheimer Ambulatorium übertragen wurde. Derselbe erhält einen angemessenen Gehalt, Reisekostenentschädigung und Diäten.

Das Ambulatorium in Landa wurde am 16. April 1883 im Hause des Herrn Apotheker Wildersinn eröffnet und anfangs 2mal wöchentlich, Montags und Donnerstags, vom 1. April 1884 an aber nur mehr Donnerstags abgehalten.

Da der die auswärtigen Ambulatorien besorgende dritte Assistenzarzt durch sie nur einen ganzen und zwei halbe Tage in Anspruch genommen wird, konnten ihm die Arbeiten in dem im Herbste 1887 errichteten bakteriologischen Untersuchungszimmer (siehe oben) übertragen werden. Ausserdem betheiligt er sich an den Geschäften der Klinik.

IV. Klinische Wirksamkeit.

1. Frequenz der mit der Klinik verbundenen Ambulatorien.

Ueber die Frequenz giebt Tabelle I Aufschluss.

Tabelle I.

	Heidel-berg	Mann-heim	Landa	Summe.
1869 vom 1. Okt. 1868 bis 31. Dez. 1869	2112	—	—	2112
1870	2165	—	—	2165
1871	2225	—	—	2225
1872	2437	650	—	3087
1873	2885	749	—	3634
1874	2560	832	—	3392
1875	2572	1187	—	3759
1876	3073	1003	—	4076
1877	2714	1252	—	3966
1878	2539	983	—	3522
1879	2594	562	—	3156
1880	2782	571	—	3353
1881	2909	814	—	3723
1882	2857	859	—	3716
1883	3458	810	293	4561
1884	3411	720	316	4447
1885	3652	686	293	4631
1886	3091	649	253	3993
1887	3119	705	202	4026
1888 bis 30. Juni	1864	508	152	2524
Summe	55019	13540	1509	70068

Dazu bemerke ich. Mir und meinen jungen Aerzten war die Zeit, welche es beanspruchte, die 70000 Augenkranken, welche notirt sind, nach Krankheiten zu sondern, im Verhältniss zu dem Nutzen, den eine solche Arbeit haben kann, zu kostbar. Nachdem so viele ausführliche Statistiken veröffentlicht sind, könnte es scheinen, dass damit sogar etwas ganz Ueberflüssiges geschehen sein würde. Ich gehe nun zwar nicht so weit, aber solche Uebersichten sollten von nun an nur noch nach ganz bestimmten, durch Uebereinkommen festgesetzten Grundsätzen vorgenommen werden. Dann liesse sich eine gewisse Uebersicht über die geographische Verbreitung gewisser Augenkrankheiten gewinnen. So lese ich gerade, da ich hieran schreibe, dass ein Fremder, der die deutschen Augenkliniken cursorisch besucht hat, voller Verwunderung war, in Würzburg in der Michel-schen Klinik kaum einen Fall von Trachom zu finden, während es anderwärts, beispielsweise in Göttingen, ausserordentlich häufig (exceedingly common) ist.

Könnte man in Deutschland an räumlich so weit getrennten Orten, dass das Krankenpublikum sich nicht berührt, nicht ineinander-fliesst, in Kliniken von annähernd gleicher Frequenz eine Statistik aller in einem Jahre sich meldenden Augenkranken nach gleichen Grundsätzen zusammenstellen, so würde das gewiss nicht un-interessante Aufschlüsse geben.

Eine solche Statistik von einem Orte sagt wenig. In Heidel-berg, welches in geringem Umkreise von zahlreichen Kliniken umgeben ist, ist schon anzunehmen, dass ein grosser Theil aller Kranken auch bei anderen Augenärzten gewesen ist oder dahin noch gehen wird, wodurch jeder statistische Werth solcher Zusammenstellungen entfällt.

Ich habe mich daher darauf beschränkt, nur die jährlichen Summen anzuführen, weil aus ihnen sich doch eine gewisse Vorstellung über den Reichthum an Material ergiebt, über welches die Heidel-berger Augenklinik verfügt.

Anders bin ich mit den Kranken der stationären Klinik ver-fahren. Da selbstverständlich die Aufzeichnungen über dieselben aus-führlicher sind, so war es dankbarer, aus ihnen ein zutreffendes

Bild des sorgfältig beobachteten und klinisch behandelten Materials
zu gewinnen. Ich habe mir deshalb die grosse Mühe gegeben,
die Protokolle der 20 Jahre durchzuarbeiten.

Wenn das Ergebniss für andere nun auch kein besonders nutz-
bringendes sein und im Ganzen sich nur daraus ergeben wird, was oben
schon angedeutet wurde, dass eben Kliniken in kleinen Orten viele
Fälle, besonders mit Hornhautleiden, aufnehmen müssen, welche in
grossen Bevölkerungszentren ambulatorisch behandelt werden können,
so habe ich selbst doch neben der zeitraubenden und den Geist er-
müdenden Arbeit den aufregenden Genuss gehabt, in verhältnissmässig
kurzer Zeit den so umfassenden und persönlich bedeutsamen Zeitraum zwanzigjähriger ärztlicher Thätigkeit bei der Durchsicht der
stummen Zeugen von all' dem Leid und allen Freuden, von Befriedigung und Enttäuschung, welche sie naturgemäss mit sich bringt,
in stillen Abendstunden wieder mit mir allein zu durchleben. Viel
Vergessenes ist dem Gedächtnisse neu geboten, Irrwege sind erkannt,
von manchen Wegen, die jetzt als neu gepriesen werden, hat sich
herausgestellt, dass sie von uns schon lange betreten werden, wenn
es auch im einzelnen Falle nicht gegenwärtig war, wie lange.

2. Die Frequenz der stationären Klinik.

Die Anzahl der stationär verpflegten Kranken und der jährlichen Verpflegstage richtet sich bei grossem Zudrang bis zu einem gewissen Grade nach der Anzahl der vorhandenen Betten. Die alte Klinik verfügte über 50 Betten, die neue Klinik wurde mit 14 Betten für Kranke 1. und 2. Klasse, und mit 34 Betten für Erwachsene, 12 Betten für Kinder und 6 Kinderkörben für Kranke der 3. Klasse, zusammen 60 Betten und 6 Körben, errichtet. Vorübergehende Ueberfüllung hat die Anschaffung von einigen Reservebetten für Erwachsene und Kinder nöthig gemacht, so dass wir im Nothfalle noch einige Kranke mehr aufnehmen können.

Der grössere Belegraum in der neuen Klinik macht sich daher auch in der unten folgenden Tabelle II, (S. 42—45), sowohl in der steigenden Anzahl der stationär verpflegten Kranken, noch unzweideutiger aber in der Zunahme der Verpflegstage, geltend.

Dies würde noch mehr in die Augen springen, wenn bei Zusammenstellung der Tabelle nicht die Anzahl der zugleich in die Klinik aufgenommenen Begleitpersonen mit den auf sie fallenden Verpflegstagen unberücksichtigt geblieben wäre. Die neue Klinik wurde ausser von Kranken durchschnittlich im Jahre von 40—50 Begleitpersonen mit 500 Verpflegstagen bewohnt.

Ein 10jähriger Durchschnitt ergiebt danach 16425 Verpflegstage im Jahre; es kommen dann genau 45 Kranke durchschnittlich auf den Tag. Von 60 Betten (die 6 Kinderkörbe sind kaum mitzurechnen) waren durchschnittlich 45 besetzt, also genau 75 %.

Erscheint eine durchschnittliche Inanspruchnahme von $^3/_4$ der Bettenanzahl ohnehin schon als die obere Grenze des nach allgemein geltenden Grundsätzen Zulässigen, so wird die zeitweise Inanspruchnahme des Inventars, wie auch besonders des Wartepersonals, am deutlichsten ersichtlich, wenn man in den Krankenstandstabellen der Klinik Monate, wie beispielsweise Mai und Juli 1885, mit 1953 und 1977 Verpflegstagen (durchschnittlich 65 Kranke täglich) figuriren

Tabelle II.

	1868, 1.Okt.bis 1869, 31. Dez.		1870		1871		1872		1873		1874		1875		1876		18
	M.	F.	M.	F.	M.	F.	M.	F.	M.	F.	M.	F.	M.	F.	M	F.	M.
Angeborene Missbildungen des ganzen Auges	3	—	3	—	2	2	2	3	1	1	1	2	5	2	2	2	5
Liderkrankungen . . .	10	13	5	15	15	8	15	12	16	10	7	11	14	13	16	14	5
Ptosis congenita . . .	1	—	—	1	—	—	1	—	—	—	—	2	2	—	—	—	2
Thränenorgane	6	13	7	10	6	10	6	18	5	8	8	18	6	8	7	4	2
Orbitalerkrankungen . .	6	4	2	2	3	3	2	—	1	1	—	5	4	7	2	3	3
Bulbuserkrankungen . .	2	—	4	1	3	—	1	4	2	—	4	3	—	1	7	4	8
Neubildungen im und am Bulbus	4	8	2	—	3	1	7	8	1	6	2	3	2	1	1	6	4
Verletzungen des Bulbus	34	5	14	3	22	3	21	5	24	5	22	1	40	3	39	8	53
Erkrankungen d.Conjunct.	47	34	15	6	12	10	7	16	17	27	13	34	14	16	16	35	18
Conj. gonorrhoica . . .	1	—	—	1	1	—	2	—	1	1	—	1	3	1	—	1	—
„ neonatorum . . .	10	9	5	5	2	3	3	—	2	1	4	1	4	5	2	5	9
„ trachomatosa . .	16	12	11	7	4	2	10	4	10	5	14	10	4	9	10	3	8
„ crouposa	2	—	1	—	—	—	1	1	2	2	1	4	2	1	—	—	1
„ diphtherina . . .	—	2	3	1	3	2	—	2	2	—	1	1	1	1	1	2	2
Xerosis conj.	—	—	—	—	—	—	—	—	—	—	—	—	—	—	—	—	—
Pterygium.	—	—	—	—	—	—	—	—	—	—	1	—	1	—	4	1	1
Keratitis	93	67	88	63	90	71	62	65	58	54	54	57	54	59	83	98	87
Ker. mycotica	12	3	14	9	15	7	15	9	16	5	13	11	12	10	11	12	4
Episcleritis	2	5	—	1	—	—	—	1	3	—	1	—	1	1	—	—	1
Iritis	26	16	23	22	24	17	21	22	21	19	28	12	19	9	17	13	19
Iridokyklitis	—	—	—	—	—	—	—	—	—	—	—	—	—	—	—	—	—
Chorioiditis	11	16	10	5	7	5	10	9	9	5	2	4	3	9	6	3	5
Ophth. sympathica . .	—	—	—	—	1	1	—	1	1	—	1	—	—	2	—	1	3
Glaucoma chronicum . .	3	5	2	3	3	4	1	7	1	2	4	3	4	4	—	9	6
„ acutum . . .	6	3	2	10	2	6	2	9	3	4	—	1	2	5	4	3	3

Tabelle II.

1879		1880		1881		1882		1883		1884		1885		1886		1887		bis 30. VI. 1888		Summe.	
I.	F.	M.	F.	M.	F.	M.	F.	M.	F.	M.	F.	M.	F.	M.	F.	M.	F.	M.	F.	M.	F.
5	1	8	2	4	3	6	2	5	5	3	6	4	4	4	3	6	4	1	2	77	53
14	15	26	20	13	17	16	12	9	9	15	14	9	16	19	25	28	19	10	7	285	277
1	1	—	2	—	1	—	—	—	1	1	2	—	1	—	1	1	1	—	—	9	15
5	11	4	8	6	10	6	5	5	11	6	12	5	12	4	4	6	14	3	9	106	201
4	—	8	5	4	1	5	2	4	6	7	1	1	1	4	4	4	—	1	1	67	51
7	2	2	4	1	—	—	2	6	1	4	3	3	2	4	1	6	2	5	7	73	45
2	4	8	3	1	1	3	3	4	—	7	2	2	5	3	3	—	4	2	1	60	65
8	7	15	4	51	3	34	5	33	4	44	16	59	4	46	10	60	9	28	4	728	118
6	23	10	34	36	31	28	18	27	28	24	23	16	34	13	36	30	31	10	14	405	505
—	—	—	—	—	2	—	—	—	1	1	3	1	1	—	4	—	2	—	—	24	10
4	4	4	4	2	5	3	—	4	—	1	—	—	3	4	2	4	1	2	1	65	55
6	17	15	18	21	19	19	14	18	16	10	10	9	13	21	6	18	6	12	7	258	197
1	6	1	—	3	2	2	2	1	5	6	1	1	4	4	6	1	2	—	1	33	41
4	11	6	5	4	4	1	1	—	1	—	—	1	2	1	2	2	1	1	1	36	43
—	—	—	—	1	—	—	—	—	1	—	—	1	—	—	1	3	1	—	—	5	3
2	1	4	2	2	3	1	1	—	1	10	—	4	3	1	2	4	1	3	—	41	21
6	89	63	101	153	124	92	97	81	101	77	99	154	144	96	120	80	112	43	63	1668	1739
8	1	18	7	18	8	8	4	17	8	21	10	15	6	23	9	18	5	11	3	292	149
2	—	6	3	2	1	1	4	1	1	—	—	—	—	—	—	—	—	—	—	21	17
9	18	18	32	13	27	13	24	11	20	21	19	17	17	17	33	27	27	5	17	378	394
6	4	5	4	11	—	9	3	3	2	7	2	—	—	2	2	2	2	2	—	47	19
2	21	9	5	4	3	9	3	3	7	5	4	3	4	11	11	5	3	1	1	136	132
—	—	—	1	—	—	—	—	—	—	—	2	—	1	—	—	—	—	—	—	11	7
3	2	3	3	3	5	2	2	6	5	3	3	1	8	8	2	1	4	4	3	59	80
2	3	3	8	—	—	1	1	1	4	1	3	1	3	—	5	—	2	—	1	35	86

Tabelle II.

	1868, 1.Okt.bis 1869, 31. Dez.		1870		1871		1872		1873		1874		1875		1876	
	M.	F.	M.	F.	M.	F.	M.	F.	M.	F.	M.	F.	M.	F.	M.	F. M
Retina und Schnerv . .	26	9	14	11	24	13	13	11	17	5	14	14	14	7	22	14 2
Cataracta simplex . . .	40	16	20	19	24	15	28	20	26	27	38	20	36	21	20	26 1
C. complicata, traum., secundaria	9	5	7	2	7	8	7	7	4	4	7	5	7	6	14	6 1
C. congenita (pyr.) . .	6	—	7	1	8	2	1	2	—	—	—	2	5	4	2	5
C..zonularis	3	—	—	—	—	1	1	—	2	1	4	1	1	4	2	4
Luxatio lentis	—	—	—	—	—	—	1	1	—	—	—	—	—	1	3	1
Ectopia lentis	—	—	—	—	—	—	—	—	—	—	1	—	1	—	—	
Corpus vitreum. . . .	2	4	—	—	1	1	2	—	1	1	—	—	3	1	3	1
Muskelerkrankungen . .	18	10	11	14	6	13	16	26	8	19	10	18	14	19	16	21
Refractionsanomalien . .	5	4	6	4	5	4	3	2	1	—	7	1	1	1	2	2
Accommodationsanom. .	—	1	—	—	—	—	2	1	—	—	—	—	1	—	1	—
Neurosen	2	—	—	—	—	—	—	—	—	—	1	—	—	1	—	—
M. Basedowii	—	1	—	—	—	—	—	—	—	—	—	—	—	—	—	—
Tenonitis	—	—	1	—	—	—	—	—	—	—	—	—	—	—	—	—
Absc. d. Sinus frontalis .	—	—	—	—	—	—	1	—	—	—	—	—	—	—	—	—
Absc. d. Antrum Highm.	—	—	—	—	—	—	—	—	—	—	1	—	1	—	—	—
Männer	406	—	277	—	293	—	264	—	255	—	263	—	280	—	313	—
Frauen	—	265	—	216	—	212	—	266	—	213	—	246	—	233	—	307
Summe	671		493		505		530		468		509		513		620	
Summe der Verpflegungstage . . .	—		—		—		—		—		—		10511		10437	
Durchschnittl. Verpflegsdauer . . .	—		—		—		—		—		—		20,5		16,8	

10	13	26	30	33	10	21	13	22	10	26	9	22	12	29	6	15	6	15
29	25	33	37	25	23	33	30	37	32	46	31	31	22	44	22	43	27	28	1!
12	7	17	8	9	10	7	4	17	6	4	1	19	7	12	3	12	5	14
1	2	3	2	1	3	1	2	3	2	—	4	2	7	2	2	—	—	—
2	—	3	—	2	—	3	1	5	—	3	—	1	1	1	1	2	1	1	—
—	3	1	—	—	—	1	1	1	1	—	—	—	2	1	—	2	4	—	—
—	1	—	—	1	—	—	—	1	1	—	—	—	1	—	—	—	—	—
2	1	—	—	1	2	.	2	1	—	2	—	4	3	2	2	2	6	2	1
7	14	8	11	5	19	17	18	13	22	11	23	22	15	13	17	15	12	7	8
9	3	6	6	10	1	6	5	10	2	4	11	6	4	6	3	2	2	1	1
7	1	3	2	4	2	4	—	—	—	3	1	2	—	—	—	—	1	—	—
1	1	—	1	—	2	1	—	—	2	—	—	—	1	—	—	—	—	—
-	—	2	—	—	—	—	—	—	—	—	—	—	—	—	—	—	—	—

| 77 | — | 338 | — | 444 | — | 355 | — | 349 | — | 375 | — | 419 | — | 396 | — | 403 | — | 214 | — |
| — | 315 | — | 372 | — | 340 | — | 281 | — | 315 | — | 311 | — | 362 | — | 344 | — | 315 | — | 191 |

692	710	784	636	664	686	781	740	718	405
14923	14835	15765	15704	18030	16216	16807	16427	17729	9150
21,6	21	20	24	27	23,6	21,5	22,2	24	22,8

sieht. Vom 27. bis 31. Juli beherbergte die Klinik täglich sogar über 70 Kranke.

Eine Ueberfüllung anderer Art war in diesem Frühjahr Folge der · kaum erloschenen Masern- und Scharlach-Epidemie. Bei 12 Kinder-betten und 6 Körben betrug der durchschnittliche tägliche Bestand an Kindern 21 und überschritt diesen an vielen Tagen beträchtlich.

Zu Einzelheiten übergehend könnte es zunächst auffallen, dass in den ersten Jahren kein Pterygium, keine Iridokyklitis, keine Ectopia lentis notirt ist. Es rührt dies theils, wie für die Iridokyklitis, daher, dass die Tabelle nach den in den Hauptbüchern eingetragenen Diagnosen entworfen ist, denen in den ersten Jahren keine genauere Begründung beigefügt wurde, und dass die genaueren Krankengeschichten auf einzelne, später gesammelte Bogen geschrieben wurden, die schwer zu benutzen waren. Fälle von Pterygium, von Ectopia lentis wurden aber wegen Beschränkung an Raum nicht in die stationäre Klinik aufgenommen. Aus demselben Grunde erscheinen die Refractions- und Accommodationsanomalien in so auffallend geringer Zahl in der Tabelle.

Die grosse Anzahl der Keratitisfälle, die aufgenommen wurden, bedarf ihrer grossen Wichtigkeit wegen wohl keiner Begründung. Dagegen sind es die Bindehauterkrankungen, deren grosse Zahl, im Vergleich mit den Berichten aus Kliniken in grossen Städten, eben zu den oben gemachten Bemerkungen Veranlassung gegeben hat.

Wer gewohnt ist, Tabellen, und zwar gerade die Frequenztabellen von Augenkliniken, anzusehen, wird in unserer im Allgemeinen eine grosse Uebereinstimmung in den auffallenderen Ziffern finden. So z. B. das Ueberwiegen des weiblichen Geschlechts bei den Thränen- sackleiden, das Ueberwiegen der Männer bei den Verletzungen. Auf einzelne wichtigere Erkrankungen werde ich noch zurückkommen.

3. Operationen.

Ueber die Anzahl der sogenannten grösseren Operationen giebt die Tabelle III (S. 48—53) eine Uebersicht.

Zu ihr ist im Allgemeinen zu bemerken, dass in den Jahren 1870—1877 die Operationen an den Thränenröhrchen nach Bowman und Stilling verzeichnet sind, von da an aber nicht mehr. Der Grund liegt darin, dass ich vom Jahre 1875 an die Stilling'sche Methode der Incision der Thränennasengangstricturen, welche ich 6 Jahre lang abwechselnd und zum Vergleiche mit der einfachen Schlitzung der Canaliculi nach Bowman geübt hatte, aufgegeben habe, weil mich die Resultate nicht befriedigten. Seit 1878 habe ich dann überhaupt nicht mehr geschlitzt, daher ist diese Rubrik von da an leer.

Wer sich die Mühe giebt, die Tabelle genauer durchzusehen, wird aus ihr unschwer manches Urtheil herauslesen können, welches ich mir nach meiner Erfahrung über verschiedene in den letzten zwanzig Jahren aufgetauchte Operationsvorschläge gebildet habe. Ich verweise auf die Spalten, welche die Anzahl der Tätowirungen, der Iridotomien, Corelysen, Sclerotomien etc. angeben.

Etwas ausführlicher hatte ich von anfang an vor, über einige Tagesfragen zu berichten, die z. Th. auch auf dem Congress zur Sprache kommen sollen, so über Staaroperationen, Enucleation und Exenteration und über Glaukom. Das letztere habe ich dann einer anderen Feder überlassen. Voraussichtlich wird eine summarische Zusammenstellung noch dem Congresse vorgelegt werden können.

a. **Die vom 1. Oktober 1868 bis 30. Juni 1888 wegen grauem Staar ausgeführten Operationen.**

Die Gesammtzahl der an der Heidelberger Klinik vom 1. Oktober 1868 bis zum 30. Juni 1888 wegen Katarakt ausgeführten Operationen beträgt, wie aus Tabelle III. ersichtlich, 1700, darunter 1217 Extractionen.

Tabelle III.

	1./X. 1868 bis 31./XII. 1869	1870	1871	1872	1873	1874	1875	1876	1877
Kanthoplastik	11	9	15	9	9	8	5	12	14
Tarsorrhaphie	—	1	1	—	—	—	—	3	3
Symblepharon-Operation .	3	—	1	—	—	3	6	5	2
Atherom, Chalazion . .	7	9	13	2	8	8	4	7	17
Entropium- und Trichiasis-Operation	6	7	7	10	9	—	2	1	3
Ektropium-Operation . .	—	2	—	1	1	1	1	4	2
Blepharoplastik	1	—	9	7	2	3	11	1	4
Ptosis-Operation. . . .	1	2	—	—	—	2	1	—	3
Bowman-Operation . . .	—	14	31	23	22	28	24	1	4
Verödung des Thränensacks	1	1	—	1	1	5	2	1	1
Enucleatio bulbi . . .	8	11	8	12	6	21	14	17	21
Exenteratio bulbi . . .	—	—	—	—	—	—	—	—	—
Oper. wegen Orbitaltumor	1	1	3	1	1	3	9	3	5
Pterygium-Operation . .	2	5	3	4	4	—	7	3	5
Corneaschlitzen nach Saemisch	—	6	11	21	10	7	1	5	4
Tätowiren der Cornea. .	—	—	—	—	—	—	1	—	1
Tumoren der Corneo-Scleralgrenze	1	—	—	1	1	1	1	1	1
Staphylom-Operation . .	—	5	5	—	—	3	5	3	2
Paracenteve der vorderen Kammer	6	1	26	5	5	5	2	7	—
Abtragung von Prolapsus	6	2	14	7	6	3	8	2	6
Pinto'sche Cornealplastik	—	—	—	—	—	—	—	—	—
Iridektomie zu optischen Zwecken	38	63	62	38	38	60	56	36	50
Iridektomie wegen Glaukom	16	16	13	17	19	9	15	7	12
Sclerotomie	—	—	—	—	—	—	—	—	1
Scarification der Cornea und Sclera . . .	—	—	1	—	—	—	—	3	—

1	—	1	—	2	—	—	2	3	—	21
2	1	5	2	3	3	1	2	—	—	42
15	6	13	6	6	6	4	9	5	2	157
6	14	10	6	6	7	5	8	9	—	120
—	—	—	3	—	1	2	3	1	1	27
1	4	—	1	1	—	—	3	1	—	51
2	4	1	—	1	4	3	1	5	—	31
—	—	—	—	—	—	—	—	—	—	147
1	2	3	—	7	1	—	2	1	—	36
22	28	18	15	21	32	25	20	23	11	363
—	—	—	—	—	—	—	8	12	4	24
2	1	1	5	5	4	2	3	5	2	63
4	6	9	1	2	9	4	6	5	2	83
—	—	—	—	—	—	—	—	—	1	66
2	1	2	3	1	2	2	—	—	—	26
1	1	—	4	2	2	—	1	3	1	24
5	2	5	2	1	2	2	—	—	1	48
8	6	9	5	7	9	4	5	5	6	127
8	7	5	5	1	1	7	7	3	7	115
—	—	—	—	—	—	—	1	12	2	15
49	61	43	61	73	63	78	75	53	30	1077
9	14	6	4	19	11	12	11	7	5	233
—	—	—	—	—	—	1	8	1	2	17
7	13	4	—	—	1	3	—	—	—	32

Tabelle III.

	1./X. 1868 bis 31./XII. 1869	1870	1871	1872	1873	1874	1875	1876	187;
Corelysis	—	—	—	7	7	—	—	—	—
Iridectomia praeparatoria	—	—	8	9	7	10	5	1	13
„ wegen C. zonularis, luxata et sec.	—	—	4	1	11	9	—	6	5
Iridotomia (Capsulotomia)	—	—	—	—	—	1	1	1	3
Discissio cat. mollis . .	—	5	6	4	3	7	2	4	6
„ cat. secundariae	20	—	16	12	13	2	—	3	3
„ per scleram . .	1	—	—	—	—	—	—	—	—
Reclinatio cataractae . .	2	1	1	1	1	—	—	1	—
Extractio lobularis . . .	1	2	—	—	—	—	—	—	—
„ modif. lin. periph. cat. simplicis . .	39	25	35	45	39	44	54	35	30
„ linearis c. mollis	6	3	—	2	2	—	—	3	3
„ lin. mod. cat. congen. et secund. .	5	6	7	8	5	3	1	—	?
„ lin. mod. cat. complic. et traum. .	9	13	2	4	6	4	—	1	4
„ sine iridectomia .	—	—	—	—	—	—	—	—	—
„ bei Ophth. sympathica	—	1	—	—	—	—	—	—	—
„ lentis luxatae .	1	—	—	—	—	—	—	—	—
Tenotomie: Rücklagerung	30	25	14	31	33	29	50	35	21
„ Vornähung .	4	—	1	1	1	3	5	2	4
Magnet-Operation . . .	—	—	—	—	—	—	—	—	—
Ophthalmoraphia . . .	—	—	—	—	—	—	—	—	—
Punctio ret. solutae . .	6	—	—	—	—	—	—	—	—
Cysticercus subretinalis .	—	—	—	—	—	—	—	—	1
Peritomia	—	—	—	—	—	—	—	—	—
Skleralcyste	—	—	—	—	—	—	—	—	—
Summa . .	232	236	317	284	270	282	293	214	25

–	—	--	—	—	—	—	2	—	—	—	16
5	1	6	9	15	19	13	8	12	10	4	155
1	1	3	5	4	13	8	8	3	7	2	91
6	8	2	4	6	1	4	3	2	4	—	46
6	8	1	7	--	1	5	2	1	1	2	81
2	—	4	1	2	—	1	1	6	6	16	108
–	—	—	—	—	—	—	—	—	—	—	1
–	—	—	—	—	—	—	—	—	—	—	7
–	—	—	—	—	—	—	—	—	—	—	3
35	55	66	40	57	64	62	54	64	75	50	968
–	—	1	—	1	3	2	2	1	2	—	31
1	2	3	2	10	14	4	8	5	9	—	95
–	—	9	7	1	6	5	9	13	1	1	95
–	—	—	—	—	—	—	—	—	8	5	13
–	—	—	—	—	—	—	—	—	1	—	2
1	1	—	—	2	1	—	—	—	3	—	9
32	21	33	25	41	46	51	36	41	35	12	641
2	6	3	—	4	9	6	6	3	—	1	61
–	—	—	—	—	—	1	1	—	—	—	2
–	—	—	—	—	—	1	—	6	3	3	13
–	—	—	—	—	—	—	—	—	—	—	6
–	—	—	—	—	—	—	—	—	—	—	1
1	—	—	—	—	—	—	—	—	—	—	1
–	—	—	—	—	—	—	—	—	—	1	1
79	262	321	247	270	336	321	302	341	323	182	5568

} 1707

4*

1) In der ganzen Zeit meiner Heidelberger Wirksamkeit bin ich der sogen. modifizirten peripheren Linearextraction (Graefe'sche Extraction) im Allgemeinen treu geblieben. Nicht ohne, dass in Einzelheiten das von mir geübte Verfahren sich im Laufe der Zeit besserer Einsicht angepasst hätte.

Narkotisirt habe ich nur, wenn mich die Unruhe des Kranken dazu gezwungen hat, und zwar vor der Bekanntschaft mit der anästhesirenden Wirkung des Cocains nicht häufiger als jetzt.

Vom Jahre 1875 an habe ich angefangen, nur bis zur Vollendung des Hornhautschnittes zu fixiren, und dann die Sperrpincette fortzulegen. Natürlich geht dies nur, wenn nicht narkotisirt wird. weil der Kranke bei der Iridektomie, der Kapseleröffnung und der Linsenentbindung nach unten sehen und überhaupt dem Commando des Operateurs Folge leisten muss. Die Gründe, die mich zu diesem Verfahren bewogen haben, sind bereits 1877 von mir bekannt gegeben worden. [1]

Wenn ich damals schrieb, es werde dies wesentlich erleichtert, wenn ohne Iridektomie oder mit vorausgeschickter Iridektomie operirt werde, so hat mich seitdem die Erfahrung gelehrt, dass man auch bei Ausführung der Iridektomie nur höchst selten auf Schwierigkeiten stösst. Doch ist es gerathen, die Kranken auf die bei der Extraction nothwendigen Augenbewegungen geradezu einzuüben.

Die Anwendung eines Mydriaticum vor der Operation habe ich schon frühe möglichst vermieden, dagegen nach Beendigung derselben gerne Eserin eingeträufelt in der Annahme, dadurch eine Einheilung der Iris zu verhindern oder wenigstens seltener werden zu sehen.

Seit der Einführung des Cocains habe ich davon in allen Fällen. wo ich ohne Narkose extrahirt habe, Gebrauch gemacht. Da ich üble Folgen, wie das Auftreten einer Hornhautaffection (A. Graefe) oder Erschwerung des Linsenaustritts (Stellwag) nie gesehen habe. gebe ich selbst in den seltenen Fällen, in denen ich chloroformire,

---

1) Becker, Pathologie und Therapie des Linsensystems. Graefe-Saemisch V, S. 342, 1877.

gerne Cocain, um durch den Schmerz im Auge bei beginnendem
Erwachen keine Reflexbewegungen zu veranlassen.
Um die mydriatische Wirkung des Cocains zu vermeiden, lasse
ich mit ihm zugleich Eserin einträufeln. Beabsichtige ich dagegen,
ohne Iridektomie zu extrahiren, so unterstütze ich umgekehrt die
mydriatische Eigenschaft des Cocains durch gleichzeitige Anwendung
von Atropin, um eine maximale Pupillenerweiterung zu erzielen.

Die Instrumente werden mindestens eine halbe Stunde vor der
Operation auf einen vernickelten Metallsteg gelegt, welcher so niedrig
ist, dass er in einer viereckigen Glasschale der Photographen, mit
5 % Carbolsäurelösung übergossen, sammt den Instrumenten in der
Flüssigkeit ganz untertaucht.

Aus dieser Lösung werden sie im Moment des Bedarfs vom
Assistenten herausgenommen, in bereit stehendes kochendes Wasser
eingetaucht und dem Operateur gereicht. Beim Wechseln der Instrumente werden die gebrauchten sogleich wieder in die Schale
gelegt, damit sie, noch einmal verlangt, inzwischen wieder desinficirt sind.

Wenn der ebenfalls in Carbollösung gelegene Lidhalter eingelegt ist, werden die Lider mittelst desselben in die Höhe gehoben
und der ganze Conjunctivalsack reichlich ·mit Sublimatlösung aus-
gespült, und dies während der Operation und nach Beendigung derselben wiederholt.

Mein Verband besteht aus mit Sublimat getränktem Borlint,
Carbolwatte und einer Flanellbinde. Bei unruhigen Kranken, besonders bei Kindern, haben wir es sehr vortheilhaft gefunden, ge-
stärkte Gazebinden anzuwenden.

Thränensackleiden sondire ich (ohne Schlitzen der Röhrchen)
so lange, bis das Secret mindestens nicht mehr eitrig ist, reinige
unmittelbar vor der Operation .sehr sorgfältig, spüle wiederholt mit
Sublimat aus und polstere vor Anlegung des Verbandes den innern
Augenwinkel, Thränensee, Thränenkarunkel, dick mit Jodoform aus.
Seitdem ich dies thue, habe ich .keine üblen Zufälle mehr gehabt,
die auf ein Thränensackleiden hätten zurückgeführt werden können.

Bei der Ausführung der Operation selbst habe ich in der ersten
Zeit den Schnitt meistens so peripher gelegt, dass ich einen Binde-

hautlappen anlegen konnte. Allmählich, und besonders, seit die Grundsätze des aseptischen Operationsverlaufs und der antiseptischen Wundbehandlung zur Geltung gekommen sind, bin ich davon als unnöthig zurückgekommen und lege nun einen 2 bis 2,5 mm hohen, reinen Hornhautlappen an. Nur bei Thränensack- und verdächtigem Bindehautleiden bleibt der Bindehautlappen auch jetzt noch in seinem Recht. Operirt man ohne Iridektomie, ist der periphere Schnitt ohnehin vom Uebel.

Die Iridektomie habe ich bei grossen, harten Staaren ausnahmslos beibehalten. Der Linsenaustritt vollzieht sich leichter, das Pupillargebiet ist besser zu reinigen, und Irisprolaps (die von Daviel schon gefürchtete Staphylombildung) tritt weniger oft ein.

Bei jugendlichen Individuen, auch bei prämaturer seniler Katarakt, und traumatischen Staaren versuche ich die Operation ohne Iridektomie zu Ende zu führen.

Grosses Gewicht lege ich auf eine sorgfältige Reponirung der Irisschenkel.

In der Nachbehandlung halte ich an dem Grundsatz fest, möglichste Klarheit darüber zu haben, was in dem Auge vorgeht.

Ich nehme den Verband ab und sehe das Auge an, wenn der bei Nachlass der Cocainwirkung auftretende Wundschmerz nicht nach einiger Zeit in völlige Schmerzlosigkeit übergeht. Aber auch dann wechsle ich den Verband alle 24 Stunden und lasse das Auge in der Regel erst am 8. Tage frei. Nur bei Anwendung des Klebeverbandes (gestärkter Gaze), dessen Wechseln den Kranken stärker belästigt, warte ich, wenn keine Klagen laut werden, mehrere Tage, ehe ich den Verband wechsle.

Ich kann mich auch hier nur wieder dahin aussprechen, dass ich es grundsätzlich für falsch halte, mehrere Tage lang im Ungewissen über den Zustand des Auges zu bleiben, denn es giebt Fälle, in denen Suppuration ohne alle Schmerzhaftigkeit auftritt, und in denen kein subjectives Symptom den Arzt darauf vorbereitet, welch' trauriger Anblick ihn erwartet. Dass aber nicht jedes Auge, in dem Zeichen stattgehabter Infection wahrgenommen werden, verloren ist, wird heute kaum jemand bezweifeln wollen. Es kommt eben nur

darauf an, möglichst frühzeitig darauf aufmerksam zu werden, um
die geeignete Therapie einzuschlagen.

Die durch die Extraction erhaltenen Resultate sind aus den
folgenden beiden Tabellen (IV und V) ersichtlich.

In Tabelle IV (S. 56) sind alle Extractionen mit Iridektomie der
20 Jahre ohne Ausnahme, wie sie der Reihe nach ausgeführt sind, aufgenommen. Ich bin dabei dem Vorgange von Knapp[1]) gefolgt, wie ich
mich auch überhaupt bezüglich der Grundsätze, nach denen ich die
Tabelle zusammengestellt habe, mit ihm in Uebereinstimmung befinde.
Voller Erfolg ist angenommen, wenn die $S = oder > \frac{6}{60}$ gefunden wurde.
Unter den halben Erfolgen sind alle Fälle aufgeführt, in denen entweder bei vollem chirurgischem Erfolge, bei tadelloser Heilung, aus
andern Gründen keine $S = \frac{6}{60}$ erreicht wurde, sei es wegen Horn-
hautflecken oder Glaskörpertrübung oder Netzhaut- und Sehnerven-
leiden, oder in denen wegen unreiner Heilung, Iriseinlagerung,
cystoider Vernarbung, Linsenresten, Cataracta secundaria die S unter $\frac{6}{60}$
geblieben war, und eine Nachstaaroperation entweder die S nicht auf
$\frac{6}{60}$ gebracht hatte, oder eine solche aus irgend einem Grunde noch
nicht vorgenommen worden war. Es sollten allerdings diese Fälle
eigentlich auch gesondert rubrizirt werden.

Da stellt sich nun eine in der That überraschende Uebereinstimmung mit den 1000 Extractionen mit Iridektomie von Knapp
heraus. Den 85,4 % ganzen, 8,3 % halben Erfolgen und 6,3 % Miss-
erfolgen Knapps stellen sich meine 86,3 % ganze, 9,4 % halbe
Erfolge und 4,2 % Misserfolge an die Seite.

Um aber auch einen Vergleich mit andern Statistiken, in denen
die Extractionserfolge an uncomplizirten senilen Katarakten gesondert
aufgeführt sind, zu ermöglichen, habe ich diese in der Tabelle (V)
(S. 57) ausgeschieden. Es sind von 1134 Extractionen überhaupt 968;

---

[1]) Report on a series of one Thousand successive cases of extraction of
cataract with iridectomy. Transact. of the Americ. Ophth. Society 1887.
„I may mention that 13% of the operations were done on complicated cataracts
and that complicated cataracts have been included in all my reports with the
exception of extensive detachment of the retina and traumatic cataracts, where
the injure to the globe, not the cataract, was the graver lesion.“

Tabelle IV.

Resultate aller modifizirten peripheren Linearextractionen.

	M.	W.	Gut	Halb	Kein Erfolg ohne Inf.	Kein Erfolg mit Inf.
1868 10 kt. bis 31. Dez.	8	—	6	2	—	—
	—	6	6	—	—	—
1869	24	—	20	1	1	2
	—	9	6	1	1	1
1870	23	—	19	2	—	2
	—	20	18	1	—	1
1871	22	—	22	—	—	—
	—	13	12	1	—	—
1872	26	—	22	2	1	1
	—	25	25	—	—	—
1873	26	—	23	2	—	1
	—	23	21	1	—	—
1874	34	—	26	5	1	2
	—	20	18	1	—	1
1875	37	—	32	3	—	1
	—	23	21	1	—	1
1876	13	—	11	2	1	—
	—	24	20	3	—	—
1877	17	—	15	—	—	1
	—	19	17	1	1	—
1878	24	—	21	2	—	1
	—	18	14	2	—	1
1879	25	—	23	—	—	1
	—	31	28	2	1	—

	M.	W.	Gut	Halb	Kein Erfolg ohne Inf.	Kein Erfolg mit Inf.
1880	39	—	39	1	—	—
	—	35	32	—	1	1
1881	26	—	22	3	—	2
	—	20	19	1	—	1
1882	33	—	28	3	1	2
	—	36	30	5	1	1
1883	46	—	38	8	1	—
	—	38	32	5	1	—
1884	39	—	34	5	—	1
	—	27	25	1	1	—
1885	38	—	36	2	—	1
	—	26	23	2	1	—
1886	54	—	46	6	1	2
	—	28	22	3	2	1
1887	50	—	42	8	1	1
	—	38	34	—	1	—
1888 bis 30. Juni	30	—	24	5	1	—
	—	21	18	1	1	1
	634	500	990	94	22	28
	1134		87,1%	8,5%	1,9% 50	2,4%
						4,3%

Tabelle (Jahre 1868–1879):

Jahr	M.	W.	Gut (M / W)	Halb (M / W)	Kein Erfolg ohne Inf. (M / W)	Kein Erfolg mit Inf. (M / W)
1868 (1. Okt. bis 31. Dez.)	7	6	6 / 6	1 / —	— / —	— / —
1869	18	8	15 / 6	1 / 1	1 / —	— / —
1870	13	12	10 / 11	1 / —	— / —	2 / 1
1871	22	13	22 / 12	— / 1	— / —	— / —
1872	23	22	22 / 22	— / —	— / —	1 / —
1873	18	21	16 / 20	2 / 1	— / 1	— / —
1874	26	18	21 / 16	2 / 1	1 / —	2 / 1
1875	32	22	27 / 21	3 / —	— / 1	1 / 1
1876	13	22	11 / 19	2 / 2	— / —	— / —
1877	14	16	12 / 16	— / —	— / —	1 / —
1878	20	15	17 / 13	2 / 1	— / —	1 / 1
1879	25	30	23 / 28	— / 2	1 / —	1 / —

Tabelle (Jahre 1880–1888):

Jahr	M.	W.	Gut (M / W)	Halb (M / W)	Kein Erfolg ohne Inf. (M / W)	Kein Erfolg mit Inf. (M / W)
1880	36	30	36 / 28	— / 1	— / —	— / 1
1881	22	18	19 / 17	2 / 1	— / 1 [1]	1 / 1
1882	26	31	23 / 27	2 / 3	— / —	— / —
1883	32	32	29 / 25	3 / 6	— / —	— / 1
1884	38	24	34 / 23	4 / —	— / 1 [2]	— / 1
1885	33	21	33 / 20	— / 1	— / —	— / —
1886	39	25	35 / 21	3 / 2	— / 2 [3]	— / —
1887	42	33	38 / 31	4 / 2	— / —	— / —
1888 (bis 30. Juni)	28	22	23 / 20	5 / 1	— / —	— / 1
Summe	**527**	**441**	**874**	**63**	**12**	**19**
	968		90,3%	6,5%	1,2%	2,0%
						3,2%

1) Durch Blutung 2 Stunden nach der Operation zu Grunde gegangen. Frau Bentel. — 2) Verloren durch Blutung. Frau Class. — 3) Verloren durch nachträgliche Blutung. Frau Münz.

complizirte und traumatische Katarakten wurden also 168, oder 14,7%
operirt. Wieder eine fast genau zutreffende Uebereinstimmung mit
den 13%, welche Knapp bei seinen Extractionen hatte.
Mit der vorigen Tabelle verglichen, zeigt sich eine allerdings
nicht unerhebliche Zunahme der vollen Erfolge um 3,5%. Diese
ist aber weniger durch die 1% betragende Abnahme der Misserfolge,
als durch die geringere Anzahl der halben Erfolge, 6,8% gegen
9,4%, was einer Abnahme um 2,5% gleich kommt, bedingt.

2) Bei dem Durchmustern der Protokolle einer zwanzigjährigen
operativen Thätigkeit sind naturgemäss eine Menge Einzelheiten
wieder im Gedächtniss aufgetaucht, von denen einige hier Erwähnung
finden mögen.

a) Unter ca. 1100 an Staar operirten Personen liess sich bei 11
Personen Zucker im Urin nachweisen (1%). Bei 5 unter 45 Jahre
alten Individuen wurde Zucker in der Linse gefunden. Bei den 5
Diabetikern über 45 Jahre nicht.

b) Bei 550 Staarkranken [1]), die extrahirt wurden, enthielt der Urin
in 32 Fällen Eiweiss, d. i. in 6%. Acht von diesen Personen waren
unter 45 Jahre alt (1,5%). Bei ihnen könnte die Albuminurie mit
einigem Grund als Ursache der frühzeitigen Kataraktbildung angesehen werden.

c) Unter sämmtlichen 1216 Kataraktextractionen überhaupt führten
drei nachträglich zu sympathischer Affection des zweiten Auges. In allen
drei Fällen handelte es sich um periphere complizirte Linearextractionen,
die mit gutem Sehvermögen, aber Einheilung der Iris in die Wund-
ecken entlassen waren. Zweimal war die Extraction glatt verlaufen,
in dem dritten Falle war Glaskörperanstritt erfolgt. Ueber den
ersten im Jahre 1870 beobachteten Fall sind die genaueren Angaben
verloren gegangen. Der zweite Fall (1876) betraf eine 68jährige
Frau, die, mit $S\frac{1}{10}$ und einer Synechie nach unten entlassen, nach

---

[1]) Bis zum Jahre 1881 ist in den Krankengeschichten nur notirt worden,
wenn Albumin bei der Harnuntersuchung gefunden wurde, aber im andern Falle
nicht ausdrücklich vermerkt, dass der Urin frei von Albumin gewesen sei. Ich
habe deshalb nur die letzten 8 Jahre zu dieser Zusammenstellung benutzen
können. Die Zahlen stimmen nicht mit der Anzahl der Extractionen, weil
viele Personen doppelseitig extrahirt worden sind.

Monaten mit secundärem Glaukom durch Pupillarabschluss des extrahirten und sympathischer Ophthalmie (Hydromeningitis) des andern Auges wiederkam. In dem dritten Falle (1883), in dem bei der Operation Glaskörpervorfall eingetreten war, ging das Auge nachträglich durch Iridokyklitis zu Grunde. Das linke Auge erkrankte zwei Jahre nach der Extraction sympathisch. In allen drei Fällen war keine Eiterung im extrahirten Auge nachzuweisen gewesen.

d) Die präparatorische Iridektomie habe ich in den ersten Jahren regelmässig bei Einäugigen ausgeführt; sei es, dass ein Trauma oder eine Operation mit unglücklichem Ausgange vorausgegangen war. Verhältnissmässig oft wurden mir solche Patienten gleich nach 1870 aus dem Elsass zugeführt; doch ist auch ein eigener Fall der Art darunter. Später, nach dem Vorschlage Försters der künstlichen Reifung durch Massage bei vorausgeschickter Iridektomie, wurde die präparatorische Iridektomie, mit der Massage verbunden, zum Zwecke der Staarreifung häufiger ausgeführt. Doch bin ich in den letzten Jahren wieder etwas davon zurückgekommen, da ich weniger Bedenken trage, nicht ganz reife Katarakten zu extrahiren. Nur in zweifelhaften oder wenig günstig erscheinenden Fällen, sowie wenn nur ein Auge vorhanden ist, pflege ich sie noch immer zu üben.

Einer der instructivsten Fälle für den Werth der präparatorischen Iridektomie betrifft die Arbeiterin Frau Bentel, über welche Dr. la Gama Pinto[1]) berichtet hat. Nachdem das am 19. IX. 82 ohne Zufall extrahirte Auge durch eine zwölf Stunden später aufgetretene profuse chorioideale Blutung verloren gegangen war, wurde am 29. X. 82 am andern Auge die vorläufige Iridektomie gemacht und dieser ein Jahr darauf, 31. X. 83, die Extraction mit bestem Erfolge nachgeschickt.

Von den 155 Katarakten, bei welchen die vorläufige Iridektomie gemacht wurde, sind nur wenige nicht von Erfolg begleitet worden, etwa 3%. Zieht man in Rechnung, dass mindestens die Hälfte der Fälle, in denen sie gemacht ist, complizirte, viele traumatische Katarakten waren, so bestehen die genannten Indicationen, Einäugig-

---

[1]) Les hémorrhagies consécutives à l'extraction de la cataracte. Revue générale d'Ophth. 1884, p. 97.

keit, anomale Entwicklung der Katarakt, Verdacht auf Glaukom etc., für die Vornahme der präparatorischen Iridektomie gewiss zu Recht, trotzdem dass a priori darauf zu rechnen ist, dass die Sehschärfe wegen stärkeren Operationsastigmatismus, der durch die doppelte, in gleichem Sinne wirkende Narbe verursacht werden muss, im Durchschnitt eine weniger günstige sein wird. Eine auf grosses Material sich gründende Zusammenstellung der erzielten Sehschärfe ohne Zwischenfall geheilter Extractionen mit und ohne präparatorische Iridektomie (desselben Operateurs) fehlt bis jetzt, wäre aber sehr erwünscht.

Wenn ich daher vielleicht auch weniger enthusiastisch für sie eingenommen bin, als Critchett und Snellen nach der Mittheilung von Franz H. Hodges in Leicester,[1] so hat sich dieser Vorschlag Mooren's seit 30 Jahren doch ein unantastbares Bürgerrecht erworben.

c) Ich habe mich schon früher dafür ausgesprochen, dass, wenn wir auch die der senilen Kataraktbildung zu Grunde liegenden, krankhaften Veränderungen im Auge noch nicht mit Sicherheit kennen, dennoch vieles dafür spricht, die senile Katarakt auch als durch consecutive Kataraktbildung entstanden anzusehen. Dafür sprechen auch die immer zahlreicher bekannt werdenden Fälle von Erblichkeit der Disposition zu dieser Erkrankung.

In Wien schon habe ich eine 48jährige Frau an Katarakt operirt, deren noch lebende Mutter und Grossmutter ebenfalls an Katarakt operirt waren, während die 30jährige Tochter, die mit ihrem Töchterchen zum Besuche kam, ebenfalls beginnende Katarakt zeigte.

Hier habe ich Kenntniss von einer Familie, in welcher die Mutter im 56. Jahre, der Sohn im 48. und der Enkel im 26. Jahre sich zur Staaroperation entschliessen mussten.

---

[1] Preliminary Iridectomy in extraction of cataract. Brit. med. Journ.. Sept. 1882. „Both were emphatically in favour of performing an iridectomy some weeks prior to the extraction; Mr. Critchett remarking;" „If my eternal salvation depended upon the success of a single case of cataract, I would do a preliminary iridectomy;" and Dr. Snellen, „Were I to operate on my own father I should do a preliminary iridectomy."

Es liegt nun sehr nahe, die Katarakt des jugendlichen Enkels auf dieselben Ursachen zurückzuführen, welche den Staar der Grossmutter bedingt haben. Eine Analyse zahlreicher solcher Fälle dürfte dazu beitragen, den Schleier, welcher noch über der Genese der sogenannten senilen Katarakt liegt, zu lüften.

f) Noch ein Fall scheint mir in dieser Beziehung erwähnenswerth. Im Jahre 1878 kamen kurz nacheinander zwei Zwillingsbrüder von 48 Jahren, der eine Schornsteinfeger, der andere Eisenbahnbeamter, beide grosse, stattliche, anscheinend von Gesundheit strotzende Männer mit Katarakt auf beiden Augen. Sie erzählten, dass sie, obgleich in ganz verschiedenen Lebenslagen sich befindend, wiederholt gleichzeitig die gleichen Krankheiten durchgemacht hätten.

Wieviel Gewicht auf die Angaben zu legen ist, will ich dahin gestellt sein lassen. Die Kataraktbildung musste dem Aussehen nach aber zu gleicher Zeit begonnen haben, und auch der Erfolg der Extraction mit voraufgeschickter Iridektomie war bei den Brüdern ein gleich günstiger.

g) Ein paar Mal hatte ich Gelegenheit interessante Beobachtungen über den Einfluss der Staaroperationen auf das psychische Verhalten der Kranken zu machen.

Erfahrungsgemäss treten nicht selten bei disponirten Individuen Täuschungen im Bereich der Sinnesorgane (Hallucinationen) auf, deren normale Thätigkeit vermindert ist oder gänzlich sistirt; so Gesichtstäuschungen nach Kalkverbrennung, bei Verpflegung im Dunkelzimmer, Gehörshallucinationen bei Erkrankung des Gehörapparates.

Den Augenärzten ist das Auftreten von Delirien, wenn staaroperirte Potatoren oder überhaupt Leute, die an reichlichen Alkoholgenuss gewöhnt sind, Tage lang mit verbundenen Augen, also im Dunkeln, sich aufhalten müssen, nur zu bekannt. Da in diesen Fällen die Delirien aufzuhören pflegen, wenn den Kranken genügende Mengen Alkohol verabreicht werden, so ist es zweifelhaft, ob an den Delirien mehr die Dunkelheit oder die Entbehrung des gewohnten Alkohols die Schuld trägt. Andererseits möchte ich bei dieser Gelegenheit daran erinnern, dass Braun [1]) in Moskau die

----

1) Beitrag zur Heilung des harten Staares. A. f. O. VI. 1, S. 205.

Verabreichung von Branntwein gleich nach der Extraction als Be-
dingung für einen günstigen Heilverlauf betrachtet. Freilich sind
wohl seine Kranken ziemlich ohne Ausnahme mehr an den Genuss
von Alkohol gewöhnt gewesen, als die Staarkranken der westeuro-
päischen Bevölkerung.

Wenn nun bei Staarkranken, bei welchen gar keine Gewöhnung
an Spirituosen festzustellen ist, während des Aufenthalts im Dunkeln
nach der Extraction psychische Störungen auftreten, so bleibt nur
übrig, bei ihnen als Ursache derselben die vor und während der Operation durchgemachte Aufregung und die nachfolgende Abschliessung
vom Licht anzusehen. Solche Fälle sind, wie bekannt, nicht gerade
selten.

Dahin gehört auch eine Beobachtung, welche ich der Mittheilung für werth halte. Ein bejahrter, aber noch rüstiger Korn- und
Viehhändler wurde an Staar operirt. Schon vom zweiten Tage an
klagte er mit ungewöhnlicher Lebhaftigkeit über die Qual, welche
ihm der Aufenthalt im Dunkeln verursachte, und gab dem dadurch
Ausdruck, dass er sagte: wenn er wieder gesund sei, werde er
einige Landtagsabgeordnete, die er kenne, darauf hinweisen, dass
es als eine Lücke im Strafgesetz zu betrachten sei, dass man Strafen
durch Einzelhaft verschärfe, aber nicht auch durch Dunkelhaft, welche
viel härter zu ertragen sei. Meine Frage, ob er etwa ein schlechtes
Gewissen habe, verneinte er zwar. Einige Wochen nach seinem
Austritt aus der Klinik brachten aber die Zeitungen die Nachricht,
dass eben dieser Mann, ich weiss nicht wegen welches schon vorher
begangenen Vergehens oder Verbrechens, zu einer mehrmonatlichen
Gefängnissstrafe verurtheilt worden sei.

Auch bei Gesunden verschwinden die Sorgen und Aengsten, die
schlaflose Nächte so qualvoll machen, beim Lichte der wieder auf-
gehenden Sonne.

Aber nicht nur der Aufenthalt in absoluter Dunkelheit, sondern
schon die Dämmerung, welche die getrübte Linse um die Staarkranken verbreitet, scheint einerseits Psychosen veranlassen, andrer-
seits bereits bestehende verschlimmern zu können, während Be-
seitigung der Sehstörung auf operativem Wege die Geistesstörung
günstig beeinflusst oder gar zum Schwinden bringt.

Drei Fälle mögen dies erläutern:

1. Bei einem 79jährigen, in den besten Verhältnissen lebenden Manne entstand gleichzeitig mit dem Auftreten des grauen Staares halluciuatorische Verrücktheit. Sinnestäuschungen waren im Gesichts- und Gehörssinne vorhanden. Es bildeten sich lebhafte Verfolgungs- ideen, die intensive Angst und schliesslich einen Suicidinmversuch auslösten. Nach gelungener Staar-Operation hörten die Sinnestäusch- ungen auf und traten die Verfolgungsideen zurück; bis jetzt, vier Jahre nach der Extraction, anscheinend Heilung.

2. Eine gebildete Frau, 67 Jahre alt, leidet seit Jahren an circulärem Irresein, schwache maniakalische Erregung, ziemlich er- hebliche Melancholie, die meistens 6 Monate andauert. Es entwickelt sich Katarakt zusammen mit Wiederkehr der Melancholie. Die Staar- Operation wirkte in so fern günstig, als der Anfall von Melancholie verhältnissmässig nur kurze Zeit dauerte (etwa 3 Monate) und die Erscheinungen leichter waren. Bisher (2 Jahre) ist die Kranke auch von Recidiven frei.

3. Ein 81jähriger Land- und Gastwirth leidet an seniler De- menz. Zusammen mit grauem Staar entwickelt sich acute Melancholie (vielfach ängstliche Gesichtstäuschungen). Extraction der Katarakt. Nach derselben wenige Tage Verschlimmerung der psychischen Symp- tome, dann aber schnelle Heilung. Patient, am 3. Tage nach der Operation in die Irrenklinik verbracht, wurde von dort nach 8 Tagen entlassen [1]).

3) Die Rückkehr zur Extraction ohne Iridektomie. Mit Hinblick auf das bei dem bevorstehenden Congresse zur Dis- cussion gestellte Thema: Extraction mit oder ohne Iridek- tomie, kann ich es nicht gut umgehen, meinen Standpunkt in dieser Frage in Kürze darzulegen.

Bei der Abwägung der Vorzüge und Nachtheile zweier Ope- rationen, welche dasselbe therapeutische Ziel verfolgen, handelt es sich im Allgemeinen immer um drei Gesichtspunkte, von denen aus

---

[1]) Die psychiatrischen Details wurden mir in ebenso bereitwilliger, wie dankenswerther Weise von Herrn Professor Fürstner zur Benutzung mit- getheilt.

die Frage zu betrachten ist. Diese sind: Die Leichtigkeit der Ausführung, die Sicherheit der Heilung und die Grösse des funktionellen
Erfolges. Dazu kommen in unserem besonderen Falle noch kos-
metische Rücksichten.

Um nicht zu weitläufig zu werden, will ich nur den Fall ins
Auge fassen, dass es sich um die Extraction einer reifen, harten,
senilen Katarakt mit grossem Kerne, ohne irgendwelche Complication
von Seite des Auges, der Umgebung und der Person, handelt.

Da fragt es sich:

a) Welche Operation ist leichter auszuführen? — Für denselben
Operateur wird ein peripherer Limbusschnitt keine grössere Schwierigkeit bieten, als ein reiner Hornhautschnitt. Bei gleicher Basis der
Schnitte wird der Linsenaustritt bei Iridektomie leichter sein, als
ohne diese, die Basis des Hornhautschnittes muss daher grösser gehalten werden, als beim peripheren Schnitte, und dann wird die Zu-
rückbringung der vorgedrängten Iris immer noch schwieriger sein, als
das Befreien der Iriszipfel aus der Wunde bei Iridektomie. Ein
wesentlicher Unterschied zu Ungunsten der Extraction ohne Iridektomie
besteht aber in der Schwierigkeit, die Staarreste gründlich zu entfernen. Entgegen dem Umstande, dass in den Jahren 1873—75 die
Ausführung der modifizirten peripheren Linearextraction für sehr viel
schwieriger galt, als die Lappenextraction, möchte ich mich dahin
aussprechen, dass es im Allgemeinen schwieriger ist, ohne Iridektomie
den Staar rein herauszubringen, als bei Iridektomie. Darin soll
jedoch keineswegs ein durchschlagender Grund gegen die Rückkehr zur normalen Lappenextraction gesehen werden. Wenn die
Lappenextraction trotz grösserer Schwierigkeit bessere Heil- und Seh-
resultate giebt, als die Extraction mit Iridektomie, oder doch wenigstens ebenso gute, so ist ihr unbedingt der Preis zuzuerkennen.

b) Wie steht es aber mit den Heilresultaten? — Seitdem man die
Misserfolge, welche man bei der Lappenextraction in früherer Zeit
gehabt hat, nicht mehr in der ungünstigen Lage der Wunde in einem
gefässlosen Gewebe (Hornhaut), nicht mehr in dem Umklappen des
Hornhautlappens, auch nicht in einer Quetschung der Iris und der
Hornhautwunde selbst sieht, sondern in der Infection durch eine von

aussen eindringende Schädlichkeit, wird die Häufigkeit der Eiterung bei beiden Methoden, bei gleicher Anwendung der bezüglichen Vorsichtsmaafsregeln, dieselbe sein. Wenn daher seit der Annahme aseptischer Operationsgrundsätze die Rückkehr zur Extraction ohne Iridektomie vielen als logische Consequenz erscheint, so kann das nur zugegeben werden unter der Annahme, dass sie bessere Erfolge giebt. Bezüglich des Auftretens von Eiterungsprozessen ist dies aber, wie gesagt, nicht der Fall.

Sehen wir daher zu, wie es sich mit der Anzahl der reinen Heilerfolge verhält.

Auf der diesjährigen Versammlung der französischen Augenärzte (Paris 7. Mai[1]) lässt sich Abadie folgendermaafsen vernehmen: „La question de la cataracte secondaire est très-importante par deux raisons D'abord, parce que ces cataractes sont incontestablement plus fréquentes depuis qu'on emploie le procédé de Daviel etc. etc.", und zwar nicht nur, wie aus Abadie's weiterer Auseinandersetzung hervorgeht, einfache, in der Kapsel zurückgebliebene Linsenreste mit oder ohne Wucherung der Kapselzellen, aber ohne Verwachsung mit der Iris (Cat. secundaria simplex Becker), sondern auch alle Formen, bei deren Bildung sich die entzündete Iris betheiligt hat (C. secundaria complicata s. accreta). Es ist nicht unwesentlich darauf hinzuweisen, dass im Verlaufe der Discussion von keiner Seite der Behauptung Abadie's entgegengetreten wurde. Ich kann es deshalb bei diesem einen Zeugniss bewenden lassen.

Nach den an meinem eignen grossen Material angestellten Untersuchungen wird bei gleichzeitiger Irisausschneidung die Kapseleinheilung in die Wunde, welche ich aber bei der Lappenextraction ebenfalls beobachtet habe, begünstigt, während die Einheilung der Iris häufiger und die reinen Heilungen, ohne dass eine oder die andere Verklebung der Kapsel mit der Iris eintritt, bei der Extraction ohne Iridektomie viel seltener sind.

Bei der Rückkehr zur Extraction ohne Iridektomie muss also die grössere Häufigkeit der Nachstaaroperationen mit in den Kauf genommen werden. Durch die

[1] Arch. d'opht. no. 3. Mai-Juin 1888.

Otto Becker, Die Universitäts-Augenklinik zu Heidelberg.

oben schon erwähnte Discussion, in der eine ganze Reihe neuer Methoden
der Nachstaaroperation in Vorschlag gekommen sind, geht wie ein rother
Faden die Besorgniss hindurch, es könnte durch diese nothwendig
gewordene zweite Operation eine Kyklitis hervorgerufen und der Erfolg der ersten Operation in Frage gestellt werden. Wenn ich selbst
nun auch diese Gefahr, bei genauer Befolgung der Asepsis, nicht mehr
so gross erachte, wie früher, sondern eine Nachstaaroperation bei ein-
fachem Nachstaar in letzter Zeit auch dann vorgenommen habe, wenn es
sich nur darum gehandelt hat, eine an sich schon genügende Sehschärfe
noch zu steigern, und wenn ich auch der Meinung bin, dass bei
gehöriger Vorsicht selbst complizirte Nachstaare ohne Nachtheil
extrahirt werden können und sollen, so ist ein Zwang zu häufigeren
Nachstaaroperationen doch nur dann nicht als Nachtheil der Methode
aufzufassen, wenn im Grossen und Ganzen bessere Seherfolge durch
sie erzielt werden.

Da ist mir nun 3. die Discussion auf der vorjährigen Heidelberger Versammlung von grossem Interesse gewesen, indem allseitig
zugegeben und auch mit Hinweis auf die Resultate der Engländer
nachgewiesen wurde, dass die Staaroperirten mit unverletzter Iris
und runder Pupille nicht besser sehen, als die, deren Iris ein Colobom
besitzt, vorausgesetzt, dass es nach oben liegt und nicht allzugross
ist. Selbst Schweigger, der deutsche Anwalt für die Rückkehr
zur Extraction ohne Iridektomie, giebt zu, dass der Grund für eine
Herabsetzung der Sehschärfe weniger in der Iridektomie liege (soll wohl
heissen, der unregelmässigen Pupille), als in der Unregelmässigkeit
der Hornhautkrümmung, die aus der Schnittführung hervorgeht. Ich
möchte hinzufügen, am allermeisten aber in den Sehhindernissen,
welche durch alles, was von der Linse im Pupillargebiete zurück-
bleibt, Kapsel, Linsenreste, und, was von diesen aus sich nach Vollendung der Operation noch neuerdings bildet, wuchernde Kapselzellen, verursacht werden; und dies ist eben bei der Extraction
ohne Iridektomie im Durchschnitt mehr,[1]) als in dem andern Falle.

Bis zu einem gewissen Grade muss man allerdings Schweigger
beistimmen, wenn er neben anderm auch dem kosmetischen Erfolg der

---

[1]) J. Sattler, IX. Bericht d. Ophth. Ges., Heidelberg 1887, p. 107.

Lappenextraction ohne Iridektomie Rechnung trägt. „Es ist für jeden Augenarzt ein zu erfreulicher Anblick, ein Auge so wieder herzustellen, dass man ihm überhaupt nichts ansieht; ars est celare artem".[1] Aber fallen denn alle Extractionen ohne Iridektomie so aus, dass man dem Auge nichts ansicht? Und sieht man den mit Iridektomie operirten Augen, besonders bei kleinem Ausschnitt nach oben, in den gut gelungenen Fällen etwas an, ausser wenn man die Brille abnimmt und das Lid hebt?

Die Kosmetik, deren Berechtigung ich durchaus anerkenne, hat auf diejenigen Rücksicht zu nehmen, welche mit dem Operirten im bürgerlichen und gesellschaftlichen Verkehr in Berührung kommen. Wir extrahiren nicht, um hernach selbst einen erfreulichen Anblick beim Anschauen des operirten Auges zu haben, sondern damit der Blinde wieder sehen kann. Die wahre Freude des Operateurs spiegelt sich wider in dem freudigen, an Schreck grenzenden Erstaunen, das sich auf dem Gesicht des Operirten kund giebt, wenn er zum ersten Mal durch das vorgehaltene Staarglas die ihm bekannte, aber lange Zeit verhüllt gewesene Aussenwelt wieder in ihrem farbigen Glanze sicht.

4) Noch eine Bemerkung vermag ich nicht zu unterdrücken. Die von deutschen und englischen Augenärzten ausgegebene Parole lautet: Rückkehr zur Extraction ohne Iridektomie. Unter dieser Bezeichnung habe ich die Frage hier besprochen.

In der französischen Literatur lautet sie dagegen: Rückkehr zur Daviel'schen Extraction (s. oben die citirte Aeusserung von Abadie). Mir scheint das nicht gerechtfertigt.

Niemand wird gerade mir vorwerfen wollen, dass ich das Verdienst Daviel's nicht hoch genug anschlage. Wäre es der Fall, so würde ich nicht die Apotheose Daviel's als persönliche Ehrengabe den Besuchern unseres Congresses darbieten.

Das unsterbliche Verdienst Daviel's hat aber mit der Frage, ob Iridektomie oder nicht, gar nichts zu thun. Es wird angezeigt sein, das Wesentliche seiner Operation mit seinen eigenen Worten festzustellen.

---

[1] a. a. O. S. 92.

Nachdem er in seiner berühmten, der Académie de chirurgie in
Paris vorgelegten Abhandlung erzählt hat, wie er bei einem Eremiten,
dessen Katarakt er hatte deprimiren wollen, veranlasst war, nach
dem Vorgange von Pétit die Hornhaut zu eröffnen und die in die
vordere Kammer gefallenen Staarreste herauszulassen, heisst es wörtlich: „Le cas que le hazard venait de me présenter me fit prendre
la résolution de ne plus opérer qu'en ouvrant la cornée, comme
j'avais fait á l'Hermite et d'aller chercher le Cristalin dans son
chaton, pour le faire passer par la prunelle, dans la chambre anté-
rieure et le tirer ensuite de l'oeil", und einige Seiten später: „le but
principal de mon opération est l'extraction du Cristalin cataracté
hors de son chaton". Wenn er aber hinzufügt, „ce que l'on obtient
aisément par les précautions que je vais exposer", so weiss jeder,
welcher die Abhandlung Daviel's gelesen oder auch nur die Abbildungen flüchtig angesehen hat, dass von der Art, wie er die Operation ausgeführt hat, und von seinen dabei verwendeten Instrumenten
„nichts übrig geblieben ist, als der nach ihm benannte Löffel,"
worauf bereits Wecker hingewiesen hat.[1])

Das unsterbliche Verdienst Daviel's, welches ihm und seinem
Vaterlande zu ewigem Ruhme gereicht, besteht darin, dass er, wie Pétit
und andere vor ihm, sich nicht dabei begnügte, im gegebenen Falle die
vordere Kammer durch einen Hornhautstich oder -schnitt zu eröffnen,
um Staarmassen, die bei der Depression in sie gerathen waren, aus
dem Auge zu entfernen, sondern dass er weiter ging und den ge-
legentlichen Zwang zu einer frei gewählten Methode ausbildete, dass
er mit voller Ueberlegung die Hornhaut durch Stich und Schnitt
eröffnete, um die Katarakt „dans son chaton" aufzusuchen und
sie in die vordere Kammer und von da aus dem Auge treten zu
lassen.

Alle unsere heutigen Operationsmethoden, die auf diese Weise
das im grauen Staar gelegene Sehhinderniss zu beseitigen suchen,
haben die gleiche Berechtigung sich Daviel'sche Operation zu
nennen.

---

1) de Wecker, L'extraction simple. I. Ann. d'ocul. T. XCII, 1884, p. 224.

Den „procédé de Daviel", wie sich Abadie ausdrückt, befolgt heut zu Tage niemand mehr. Es ist sogar höchst wahrscheinlich, dass, ausser Daviel selbst, kaum jemals jemand seinen Vorschlägen genau gefolgt ist; wenigstens hat La Faie gleich in der Sitzung, in welcher Daviel die Einzelheiten seiner Methode der Akademie der Chirurgie vorgetragen hat, Anstoss an dem Gebrauch von 5 Instrumenten (eine nach der Kante gebogene Lanze, zwei couteaux mousses und zwei doppelt gekrümmte Scheeren) für den Hornhautschnitt genommen und vorgeschlagen, den Schnitt mit einem einzigen Messer zu vollführen.

Was die oculistische Welt heute bewegt, ist also nicht die Frage der Rückkehr zur Daviel'schen Extraction, sondern die Frage der Rückkehr zur Extraction ohne Iridektomie.

5) Ich kann den Gegenstand nicht verlassen, ohne noch auf einige anatomische Details einzugehen.

Nach Schweigger liegt der Grund für die Herabsetzung der Sehschärfe weniger in der Iridektomie, als in der Unregelmässigkeit der Hornhautkrümmung, die aus der Schnittführung hervorgeht.

Ich bin nicht sicher, ob damit gesagt sein soll, dass der Extractionsastigmatismus nach den verschiedenen Methoden verschieden stark ausfällt. Es würde dies dann nicht mit Sicherheit zu Gunsten des ganz in der Hornhaut liegenden Schnittes sprechen. v. Reuss und Woinow fanden beim Lappenschnitt (Arlt) durchschnittlich einen stärkeren Astigmatismus, als beim peripheren Linearschnitt (Arlt). Weiss fand beim Weber'schen Hohlschnitt einen auffallend geringen. So aufgefasst, wäre der Schweigger'sche Gedanke nicht spruchreif.

Es lässt sich der Satz aber auch so verstehen, dass ein vollkommen glatter, ohne Veränderung der Schnittlage ausgeführter Schnitt besseres Anliegen der Wundlippen, schnellere Heilung und geringeren Astigmatismus zur Folge hat, als wenn der Schnitt gezackt ist. Nebenbei gesagt, habe ich einen vollkommen in einer Ebene liegenden Schnitt unter allen extrahirten Augen, die untersucht wurden, kaum je gefunden. Doch will ich gerne zugeben, dass in der Reinheit und Gleichmässigkeit der Schnittführung grosse Verschieden-

heiten, an denen die Geschicklichkeit des Operateurs und auch die
Unruhe des Kranken die Schuld tragen kann, vorkommen. Das
trifft aber den Schnitt im Limbus so gut, wie wenn er ganz in
dem gefässlosen Theil der Hornhaut liegt, kann mithin weder für
die eine, noch für die andere Methode ins Gewicht fallen.

Viel wichtiger scheinen mir neben dem Zurückbleiben von Staar-
resten und der Bildung von Nachstaar die Unregelmässigkeiten der
Hornhautkrümmung zu sein, welche von unreiner Heilung der Wunde
wegen Einlagerung von Iris und Kapsel herrühren. Dass dabei der
Hornhautastigmatismus grösser und, was noch wichtiger, dauernd
sein muss, liegt auf der Hand. Ich habe aber schon darauf hingewiesen, dass die Gefahr der Iriseinheilung, a priori betrachtet,
bei Unterlassung der Iridektomie grösser ist; und aus allen Mittheilungen und Discussionen der letzten Jahre über die Extraction
ohne Iridektomie geht, wenn man sie unbefangen liest, hervor, dass
dies auch thatsächlich der Fall ist.

Es könnte nach alle dem scheinen, als wenn ich wirklich, wie
man meine Aeusserungen auf der vorjährigen Heidelberger Versammlung aufgefasst hat, mich ablehnend gegen das Bestreben ver-
hielte, zur Extraction ohne Iridektomie zurückzukehren. Dem ist
nicht so. Ich habe vielleicht am ersten, eben vom anatomischen
Standpunkte aus, darauf hingewiesen, dass eine vollständig gelungene
corneale Extraction ohne Iridektomie, mit runder, nicht attachirter
Pupille und ohne Nachstaar, einer noch so gut ausgefallenen modifizirten Extraction gegenüber, sich dem Ideale, welches man sich von
dem, was durch die Extraction überhaupt erreicht werden kann, erhofft,
in höherem Maafse nähert, als diese. Allerdings habe ich mir aber
auch niemals verhehlt, dass sie wieder übertroffen werden würde,
wenn es gelänge, eine Methode ausfindig zu machen, den Staar
innerhalb der Kapsel ohne Iridektomie aus dem Auge zu entfernen.

In dem Augenblicke, als mit der Erkenntniss der wahren Ursache
einer nach Extraction eintretender Eiterung die Scheu schwand, im
gefässlosen Theile der Hornhaut zu operiren, die Iris bei der Linsenentbindung zu quetschen, ergab sich von selbst, dass bei aller Anerkennung der Verdienste v. Graefe's um Verminderung der Verluste

nach Extraction, der Gedanke, zum reinen Hornhautschnitt zurückzukehren und die Iridektomie aufzugeben, nicht nur sich vielen gleichzeitig aufdrängte, sondern auch an verschiedenen Orten zur Ausführung gelangte.

Auch versteht es sich ganz von selbst, dass die Anzahl der Verluste durch Eiterung nicht mehr davon abhängt, ob der Schnitt in
den Limbus oder ganz in die Cornea verlegt wird, sondern von der
Gründlichkeit, mit der das Operationsterrain desinficirt wird, und
von der Sicherheit, mit der einer Infection durch Instrumente, Hände,
Verbandmittel etc. vorgebeugt wird.

Meiner Meinung nach handelt es sich jetzt darum, festzustellen,
nach welcher Methode mehr reine Heilungen erzielt werden können.

Es könnte scheinen, dass auch da schon der richtige Weg be-
schritten werde. Besteht die eine Unvollkommenheit der Extraction
ohne Iridektomie in der grösseren Schwierigkeit, das Pupillargebiet
zu reinigen, so verfolgen alle Bestrebungen dies zu erleichtern ein
durchaus richtiges Ziel, und die Vorschläge und Versuche, dies durch
Ausspülen der vorderen Kammer zu erreichen, erscheinen durchaus
gerechtfertigt.

Die Extraction ohne Iridektomie wird, das lässt sich wohl mit Be-
stimmtheit heute schon voraussagen, die unbedingte Herrschaft gewinnen, sobald es gelungen sein wird, einerseits die Gefahr des Iris-
vorfalls zu beseitigen, und andererseits das Pupillargebiet in gleich
vollkommener Weise zu reinigen, wie nach der Irisexcision.

6) Ueber Extraction angeborener Katarakten.
Einer besonderen Erwähnung, ausser den in Tabelle IV und V auf-
geführten Operationen, verdienen die angeborenen Staare. Es sind
ihrer im Ganzen 102 zur Operation gekommen, ohne die Zonular-
katarakten, wegen derer nur eine Iridektomie vorgenommen wurde.

Die angeborenen weichen Totalstaare wurden discindirt. Die
harten Staare[1]) sind unter den modifizirten Linearextractionen bereits
aufgeführt. 55 von den 97 angeborenen Staaren waren Cat. mem-

---

[1]) A. Graefe, Ber. d. Ophth. Gesellsch., 1879, S. 25.

branaceae sive reductae accretae [1]), also mit Zeichen fötaler Iritis
behaftet. Eine solche habe ich im ersten Jahre per scleram discindirt. Sehr bald aber habe ich begonnen, sie sämmtlich zu extrahiren.

Ich bin in der Weise verfahren, dass ich in Narkose eine schmale
Iridektomie nach oben angelegt habe, dann mit der einen Branche einer
feinen gezähnten Pincette in den Glaskörper hinter die membranöse
Katarakt gedrungen bin, die Pincette geschlossen habe und dann
durch sanften, allmählich gesteigerten Zug die Katarakt herausge-
zogen habe. Je langsamer man zieht, desto sicherer ist man vor
der Gefahr Iridodialyse zu erzeugen. Sehr hübsch ist es, wenn man
sieht, wie sich eine Synechie nach der andern löst und endlich die
Membran dem Zuge folgt. Hat man die Katarakt vor die Wunde
gebracht, so hängt sie oft noch an einer derben Glaskörperparthie.
Ein Assistent muss sich daher mit der Scheere bereit halten, die
Verbindung mit dem Glaskörper zu trennen.

Einen totalen Misserfolg habe ich nie gehabt. Wohl aber einige
Male Einheilung der Iris. Dass das Sehvermögen trotz vollkommen
reiner Pupille in solchen Fällen oft recht unbefriedigend bleibt, insbesondere wenn Nystagmus vorhanden ist, ist hinlänglich bekannt,
um so mehr, je älter man die Kinder werden lässt, ehe man zur
Operation schreitet. Ich habe mich daher nicht gescheut schon
Kinder von 16 Wochen zu operiren.

Je kleiner die Kinder, desto leichter ist es sie so einzuwickeln, dass
sie nicht mit den Fingern in die Augen greifen können. Anfangs habe
ich gar keinen Verband angelegt, sondern nur die oberen Lider durch
aufgeklebte Streifen von Englisch Pflaster immobilisirt. In letzter
Zeit lege ich einen regelmässigen Verband mittelst gestärkter Gazebinden an und finde, dass die Kinder den Verband und die Dunkelheit in auffallend guter Laune vertragen. Sie sind ruhiger, als wenn
man die Arme an den Leib fixirt oder durch Pappschienen in ge-
streckter Lage hält, so dass sie nicht an die Augen gebracht werden
können.

---

[1]) O. Becker, Zur Anatomie der gesunden und kranken Linse, Wiesbaden, Bergmann, 1883, S. 127.

b. Enucleation und Exenteration.

Durch A. v. Graefe und Mules ist die Frage, ob die Enucleation nicht für viele Fälle durch eine andere Operation zu ersetzen sei, acut geworden. Angeregt ist sie bereits früher; wenn man will, kann man sogar sagen, bereits früher, als es eine Enucleation oder wenigstens diesen Namen für diese Operation gab.

1) Bekanntlich machte Bonnet 1841 [1]) darauf aufmerksam, dass der Augapfel durch eine verhältnissmässig einfache Operation mit Schonung des Orbitalgewebes entfernt werden könne und gründete darauf seinen Vorschlag, die bis dahin geübte rohe Exstirpation durch die elegante Ausschälung des Bulbus aus der Tenon'schen Kapsel zu ersetzen. Ebenso bekannt ist es, dass englische Aerzte, wie sie zuerst das Wesen der sympathischen Ophthalmie erkannt haben, auch zuerst den Vorschlag gemacht haben, um das zweite Auge vor dem Auftreten der sympathischen Krankheit zu sichern, das erst erkrankte Auge zu zerstören. Was Wardrop an Pferden ausgeführt hatte, übertrug Barton [2]) auf den Menschen. Es wurde ein Hornhautschnitt gemacht und der Augeninhalt, Linse und Glaskörper, herausgedrückt. „Später", lese ich bei v. Graefe [3]), „als man die Exstirpatio bulbi mit Schonung des Bindegewebes und der Muskeln zu verrichten gelernt hatte, gab man, um jeden entzündlichen Ausbruch von den inneren Membranen an der Wurzel abzuschneiden, dieser Exstirpation für viele Fälle den Vorzug."

v. Graefe selbst giebt dieser Methode denn auch den Vorzug vor dem, von ihm einige Male geübten Verfahren durch einen quer durchs Auge gezogenen Faden das Auge zur Eiterung und Phthise zu bringen. Ein Verfahren, das er übrigens noch 1863 [4]) empfiehlt, „da man während acuter eitriger Schmelzungen mit Panophthalmitis niemals eine sympathische Affection des anderen Auges ausbrechen

---

[1]) Annal. d'oculist. Tom. V. 1841 p. 27.

[2]) Crampton Med. Gazette, London 1837. Traité des sect. tendin. et musc. Paris 1841.

[3]) Archiv f. Ophth. III. 2. S. 444. 1857.

[4]) Verhandl. der Ophth. Versammlung. Heidelberg 1863 S. 448.

sieht", so dass er danach wieder mehr zu der Auffassung, mit welcher er den Vorschlag der englischen Aerzte anfangs aufgenommen hatte, zurückgekehrt zu sein scheint, welcher er in folgenden Worten 1866 [1]) Ausdruck gegeben hat: „Eine vollständige Exstirpation des Bulbus wegen Iridochorioiditis traumatica zu unternehmen, um der sympathischen Affection des zweiten Auges vorzubeugen, würde ich für überflüssig halten, und erwähne dieses Vorschlags nur, weil er, wie ich höre, von einigen englischen Fachgenossen ausgeführt wird."

Da nun Arlt 1859 [2]), der von Bonnet gegebenen Anregung folgend, die Ausschälung des Augapfels aus der Tenon'schen Kapsel zu einer im Einzelnen ausgearbeiteten Methode ausgebildet und ihr den Namen der Enucleatio bulbi gegeben hat, so ist sie nach Vorstehendem von v. Graefe eigentlich niemals rückhaltlos anerkannt worden.

In dasselbe Jahr 1863 [3]) fällt die Mittheilung v. Graefe's über zwei Todesfälle nach einfacher Enucleatio bulbi, welche in der Periode der eitrigen Panophthalmitis mit Exophthalmie ausgeführt worden. Er widerräth diese Praxis um so mehr, als er unter anderen Verhältnissen niemals Todesfälle nach Enucleatio bulbi beobachtet hatte.

Es ist bekannt, dass diese, in der Discussion über eine Mittheilung von Warlomont, welche den Tod eines Kindes nach Discissio cataractae betraf, gelegentlich gemachte Aeusserung gleichsam der Alarmschuss gewesen ist, der die ophthalmologische Welt gegen die Enucleation in Erregung gebracht hat.

v. Graefe ist aber wieder der erste gewesen, der Abhülfe zu schaffen gesucht hat. In seinem Aufsatze: Zur Lehre der sympathischen Ophthalmie [4]) heisst es: „Angesichts der Ueberzeugung, dass die sympathische Ophthalmie durch Vermittlung der Ciliarnerven entsteht, könnte man wohl auf den Gedanken kommen, der Enucleatio bulbi die Durchschneidung der Ciliarnerven zu substituiren." Er

---

[1]) Archiv f. Ophth. II. 2. S. 250. 1856.
[2]) Arlt. Zeitschrift der Wiener Aerzte. 1859.
[3]) Klinische Monatsblätter. 1863. S. 456.
[4]) Archiv f. Ophth. XII. 2. S. 154. 1866.

rwägt bei der Gelegenheit auch die Möglichkeit, diese Durchschneidung sowohl intra als extra scleram vorzunehmen.

Dieser Gedanke ist dann von E. Meyer und Snellen auch
usgeführt worden.

Schon 1867 aber ist v. Graefe noch einen Schritt weiter ge-
angen, und zwar zur Durchschneidung des N. opticus, hat in die-
m Falle aber nicht nur den Gedanken gehabt, sondern ihn selbst
tatsächlich ausgeführt.[1]) Freilich datirt der Gedanke schon vom
ahre 1857, also zehn Jahre früher, und nach v. Graefe's eigener
Tittheilung[2]) hat A. Weber ihn schon vor v. Graefe selbst
raktisch verwerthet.

Es ist nun nicht ohne Interesse, dass die, wie wir jetzt meinen,
rige Ueberzeugung, es entstehe die sympathische Ophthalmie durch
ermittlung der Ciliarnerven, v. Graefe den Gedanken eingab, der
ebertragung des Krankheitsprozesses auf das zweite Auge dadurch
in Hinderniss entgegenzustellen, dass man die Ciliarnerven durch-
shnitte; dass er dann aber, als die von andern, die diesem Rathe
olge gegeben hatten, erzielten Resultate nicht befriedigten, zur
ehnervendurchschneidung erst rathend, dann selbst thatend über-
ing, und damit vorgreifend und vorahnend, weil geistreich combi-
irend, dasjenige Heilmittel in die Praxis einführte, welches der 25
ahre später zur Geltung gekommenen Ansicht von dem Wege der
ebertragung der sympathischen Ophthalmie entspricht.

v. Graefe beobachtete Fälle von Amaurose mit Sehnerven-
xcavation im zweiten Auge, bei Amaurose durch zerstörende Cho-
oiditis des ersten Auges, und, indem er die Affection als sympathisch
uffasste, gab er den Rath, statt das Auge zu exstirpiren, die Durch-
shneidung des Nervus opticus auszuführen, um mit der Ungangbar-
iachung des Weges den Vortheil der Erhaltung des Bulbus zu ver-
inden. Und nun vermuthet er weiter, „man würde in der, schon
ir Lösung so vieler dunkler Fragen angerufenen Commissura arcuata
nterior des Chiasma vielleicht eine anatomische Basis für eine
slche Anschauung zu finden wissen."

---

[1]) Verhandlungen der mediz. Gesellschaft in Berlin 1867.
[2]) Archiv f. Ophth. III. 2. S. 454.

Sollte es zu gewagt erscheinen, anzunehmen, dass jetzt, da die Chiasmafrage so vielfach bearbeitet wird und die Existenz der vordern Commissur ad oculos demonstrirt werden kann, auch dieser Gedanke, wenn auch in etwas anderer Form, praktische Bedeutung erlangen werde?

Ich kann mich des Eindruckes nicht erwehren, dass allen diesen Bestrebungen v. Graefe's, an Stelle der Enucleation durch eine andere, weniger eingreifende Operation die gleichen Resultate, insbesondere in Bezug auf Verhütung der sympathischen Ophthalmie, zu erzielen, der erschütternde Eindruck, den die beiden Todesfälle nach Enucleation auf ihn hervorgebracht hatten, zu Grunde liegt[1]).

Unzweifelhaft ist es, dass die experimentellen Arbeiten von Boucheron sowohl, wie die klinischen Bestrebungen von Schöler und Schweigger durch die vermeintliche Gefährlichkeit der Enucleation veranlasst worden sind. Daneben freilich spielt der Wunsch, die mit der Enucleation verbundene Entstellung zu mindern, eine wichtige und berechtigte Rolle.

Besonders Schöler hat auch auf das Schrumpfen der Orbita nach Enucleatio bulbi bei nicht Ausgewachsenen Gewicht gelegt.

Ueberblickt man die verschiedenen Phasen, welche die Nervendurchschneidung durchgemacht hat, so folgte der Durchschneidung der Ciliarnerven innerhalb oder ausserhalb des Auges der Rath, die Leitung im Sehnerven selbst zu unterbrechen. Fast selbstverständlich, da es kaum zu umgehen, wurde damit die Durchschneidung der Ciliarnerven verbunden; sie empfahl sich ausserdem, weil bei einfacher Durchschneidung des Sehnerven die Empfindlichkeit des Auges blieb oder sich bald wieder herstellte. So haben wir die Neurotomia optico-ciliaris (Schöler). Auch sie entsprach den Erwartungen nicht, weil sich herausstellte, wie Arlt vorhergesagt, dass die beiden Enden des durchschnittenen Sehnerven, trotz der Behauptung Schöler's, dass die unausbleibliche starke Blutung die Wiederverwachsung verhindere, wieder zusammenwuchsen, und die

---

[1]) Ich will hier doch darauf hinweisen, dass die beiden Fälle im Jahre 1863 bekannt geworden sind, dass aber keine Andeutung darüber existirt, in welchen Jahren sie sich ereignet haben.

itung sich wiederherstellte. Das Präparat des von Waelborn?
itgetheilten Falles sah ich selbst bei Edmund v. Jaeger. Ao […]
r Neurotomia optico-ciliaris ist dann […] Neurotomia? opto-
iaris getreten.

Wie bei allen therapeutischen Vorschlägen, an welche grosse
wartungen geknüpft werden, wenn diese sich nicht erfüllen, […]
ie anfangs sehr lebhafte literarische Discussion ein verhältniss-
lles Schweigen zu folgen pflegt, so ist es auch bei der Neurotomia
tico-ciliaris ergangen. Zwar bei Schweigger (1864 il. 2. 64)
rsucht, das befremdliche Stillschweigen zu erklären; denn
dem Sachregister des Michel'schen Jahresberichtes für 1863
d 1866 sucht man vergebens nach Antworten.

2) Dagegen sind in demselben Jahre A (1865?) Müller und
nles[4]) (Manchester) gleichzeitig mit einander die Neurot. Vor-
nlägen, die Enucleation zu ersetzen, hervorgetreten, und zwar aus
eichen und denselben Gründen, die die Verfechter der Neurotomia
tico-ciliaris. Doch legt Graefe ein grösseres Gewicht auf die
ermeidung der der Enucleation enthaftenden Nachtheile während Fr
nles die Möglichkeit, bessere Bedingungen für die Prothese zu
schaffen, in erster Linie steht.

Graefe spricht es geradezu aus, dass der Enucleation die
folge wegen die Neurotomie (die Neurotomie ist offenbar damit
meint) nicht berufen sei, mit der Enucleation zu concurriren oder
r dieselbe entbehrlich zu machen. Wenn er dies aber auch kann
sei sie überdies sicherlich nicht geeignet, jene Resultate zu
ahe zu bringen, welche sich weniger auf die Schädlichkeit der Ver-
ümmelung, als auf die Möglichkeit einer durch die Operation er-
zirten Meningitis beziehen. Zwar ist eine meningitische Ce-

---

[1] Die sympathischen Augenleiden. S. 160.

[2] Schweigger. XVI Bericht der […]. Centralb. 1864 […]
Nervus opticus. Schmidt-Rimpler, […] 10 […]
SS. S. 451. Neurotomia opt.-ciliaris

[3] Enucleatio oder Exenteratio bulbi […] der Deutschen Ge-
mälung in Magdeburg 1863. S. 112.

[4] Evisceration of the globe. […] Transact of O.
phthalmic Society V. 1865. p. 200.

krankung nach der Neurotomie bisher nicht zur Kenntniss gekommen; sie sei aber auch unendlich viel weniger oft ausgeführt worden. Ziehe man ferner in Betracht, dass die bei der Neurotomie erforderliche Verwundung in chirurgischem Sinne schwerlich günstigere Bedingungen biete, als die bei der Enucleation, so könne man sich der Besorgniss nicht entschlagen, dass jener Methode dieselben Gefahren anhaften, wie dieser.

Ueber die der Enucleation anhaftenden Gefahren spricht er sich aber dahin aus: in einer, wenn auch relativ nur sehr geringen Anzahl der Fälle führe die Enucleation zu einer meist tödtlich endigenden Meningitis. Vor einem derartigen Ausgange sei man auch dann nicht sicher, wenn man von der Operation diejenigen Augen ausschliesse, welche sich im Zustande der Panophthalmitis befinden.

Aus guten, aber aprioristischen Gründen glaubt Graefe durch seine Exenteratio bulbi eine Vermeidung oder doch eine entschiedene Verminderung der der Enucleation anhaftenden Gefahren erwarten zu dürfen. Er hat daher bereits 1884 in allen Fällen, in welchen sonst die Enucleation angezeigt erscheint, selbstredend mit Ausnahme derer, in welchen es sich um intraoculare Tumorenbildung handelte, die Exenteratio bulbi und zwar, wie er angiebt, 42 mal ausgeführt.

Der Vorschlag Graefe's wurde von der einen Seite mit grossem Beifall, von der andern mit erklärlicher Zurückhaltung aufgenommen. Die Annahme, dass die Exenteration weniger gefährlich sei, als die Enucleation, war erst zu beweisen.

Das Für und Wider äusserte sich mit um so grösserer Lebhaftigkeit, als gleichzeitig Mules, unabhängig von Graefe, mit dem Vorschlage, die Enucleation durch seine Evisceration zu ersetzen, hervortrat.

3) Die nächste Folge von Graefe's Vortrag in Magdeburg war, dass der Versuch gemacht wurde, für die Gefährlichkeit der Enucleation einen numerischen Ausdruck zu gewinnen.

Während Graefe 1884 zehn Fälle von Meningitis nach Enucleation durch die Literatur und mündliche Mittheilungen bekannt geworden waren, stellen Brückuer-Deutschmann [1]) deren 26 zusammen. Dabei ist aber nicht ganz mit der nöthigen Kritik verfahren.

Der 5. Fall betrifft eine Enucleatio bulbi, complizirt mit Exstirpation einer bösartigen Orbitalgeschwulst (Gliosarcoma u. o.); gehört also gar nicht hierher. Ebenso verhält es sich mit dem 21. Fall aus der Erlanger Klinik. Ueber ihn schreibt mir Sattler: „Der Fall bezieht sich nicht auf eine Enucleation, sondern auf die Exstirpation eines grossen, die ganze Orbita ausfüllenden Sarkoms." Er kann also auch nicht der Enucleation als Methode zur Last gelegt werden. Auch der 22. Fall, über den gar nichts mitgetheilt wird, kann, streng genommen, nicht mitgerechnet werden. In den 23 übrig bleibenden Fällen ist 10 mal die Meningitis durch die Section nachgewiesen, 4 Fälle sind geheilt, und in 9 Fällen fehlt die Section. Wenn ich nun auch gern zugebe, dass auch klinisch die Diagnose der Meningitis mit an Sicherheit grenzender Wahrscheinlichkeit gestellt werden kann, so sind bei der Entscheidung über eine so wichtige Frage doch nur die durch die Section belegten Fälle beweisend.

Ich lege auf diese Auseinandersetzung kein anderes Gewicht, als dass aus ihr hervorgeht, wie man die Gefahr der Enucleation mit etwas zu lebhaften Farben ausgemalt hat. Ob etwas mehr oder weniger Fälle constatirt sind, darauf kommt es selbstverständlich nicht an, wenn das Factum selbst feststeht.

4) In Folgendem habe ich daher selbst eine vollständigere Liste von Meningitis und Todesfällen nach Enucleation zusammengestellt.[2])

1. u. 2. v. Graefe. Enucleation in der Periode der eitrigen Panophthalmitis mit Exophthalmie. Keine Section. Klin. Monatsbl. 1863 S. 456.

3. Mannhardt. Tödtliche Meningitis nach Enucleation. Keine Section. Ebenda.

---

[1]) Ueber eitrige Meningitis nach Enucleatio bulbi. A. f. O. XXXI. 4, S. 251.
[2]) Der Fall Strom bei Kuhnt steht Norsk. Magaz. f. Laegevid. 1885, I, p. 242. Nicht zugänglich.

4. **Horner.** Tumor retinae (Glioma). Tod durch Meningitis am
6. Tage. Orbitae und Sehnerven frei. Section.
Klin. Monatsbl. 1863 S. 341.

5. **Just.** Phthisis bulbi dolorosa. Im Glaskörper eingedickter
Eiter. Tod am 10. Tage nach der Enucleation.
Keine Section. Klin. Monatsbl. 1872 S. 273.

6. **Pagenstecher.** Phthisis dolorosa. Eitrige Iridokyklitis. Meningitische Erscheinungen schon vor der Enucleation.
Sympathische Iridokyklitis am rechten Auge. Tod
74 Stunden nach der Operation. Meningitis ohne
nachweisbaren Zusammenhang mit der Operations-
wunde. Section. Klin. Monatsbl. 1873 S. 123.

7. **Verneuil.** Encephaloid der Retina. Orbitalphlegmone und
diffuse Meningitis. Tod 5 Tage nach der Operation.
Section? Gaz. hebd. 1874 pag. 21.

8. **Meyhöfer.** Frische Verletzung, Fremdkörper, Enucleation
nach 48 Stunden. Am 2. Tage Meningitis. Heilung.
Klin. Monatsbl. 1874 pag. 21.

9. **Leber.** Luxatio lentis in cam. anter. traumatica. Nach 36
Stunden meningitische Symptome. Heilung. Arch.
f. Ophth. XXVI, 3, S. 207 (1880).

10. **Asplund.** Fremdkörper. Am 2. Tage meningitische Symptome.
Tod nach 9 Tagen. Section: Eitrige Meningitis.
Sehnerv frei. Hygiea 1880 S. 560; Nagel's Jahres-
ber. f. 1884 S. 480.

11. **Vossius.** Glaucoma absolutum. Nach 24 Stunden Meningitis (?). Heilung. Klin. Monatsbl. 1883 S. 237.

12. **Alf. Graefe.** Suppuration im Bulbus nach Extractionsversuch.
Keine Panophthalmitis. Am 5. Tage Meningitis,
am 8. Tod. Section. Orbita frei. Meningitis. Naturf.
Vers. Magdeburg 1884.

13. — Kataraktoperation ohne Zufall; am 10. Tage eitrige
Iridokyklitis. Enucleation. Am folgenden Tage Me-
ningitis. Am 5. Tage nach der Enucleation Tod.
Section. Orbita anscheinend frei. Eitrige Meningitis.
Ebenda.

14. **Schreiber.** Traumat. eitrige Iridokyklitis. Meningitis, Tod. Section? Ebenda.

15. **Howe.** Phthisis dolorosa. Meningitis, Tod. Section? Ebenda.

16. **Benson.** Phthisis dolorosa. Supp. im Auge. Am 2. Tage Meningitis. Erysipelas von der Wunde ausgehend. Am 8. Tage Tod. Section: Meningitis. Nephritis nach Scharlach. Sehnervenscheiden beiderseits eitrig infiltrirt. Ophth. Review III pag. 293, 1884.

17. **v. Wecker.** Staphylomabtragung. Sechs Wochen später Enucleation des Stumpfes. Nach 36 Stunden rechtsseitige Hemiplegie. Coma. Tod am 5. Tage. Keine Section. Meningitis oder Hämorrhagie? Ann. d'ocul. XCV, p. 56, 1886.

18. — Bulbus phthisic. dol. nach Staarextraction vor sieben Jahren. Am anderen Tage meningitische Symptome. Tod am 6. Tage. Keine Section. Ebenda.

19. **Griffith.** Phthisis bulbi. Tod nach 5 Tagen. Section: Sehnervenscheide frei. Eitrige Meningitis. Brit. med. Journal, Dec. 27. 1884.

20. — Panophthalmitis. Tod an Meningitis am 8. Tage. Orbita frei. Section.

21. **Priestley-Smith.** Ulcerirendes Sarkom des Auges. Tod. Section: Eitrige Meningitis. Ophthalmic Review, Febr. 1885.

22. — Glaukom. Bulbus, keine Eiterung. Orbitalphlegmone. Meningitis. Tod in 48 Stunden. Section.

23. — Beginnende Panophthalmitis. Am 2. Tage meningitische Erscheinungen. Heilung nach 9 Wochen.

24. **Leber.** Traumat. eitrige Iridokyklitis. Bei der Operation dringt Eiter in die Orbita. Am 2. Tage meningitische Symptome. Tod am 7. Tage. Section: Eitrige Meningitis. Eiter in der Abducensscheide.

25 u. 26. **Hansen Grut.** Zwei Todesfälle durch Meningitis. Section? Hosp. tid. 3. R. III, p. 437. 1885.

27. Nettleship. Luxatio lentis in cam aut. Extractionsversuch. Eiterung. Enucleation. Nach 3 Tagen Tod. Section: Alte und frische Meningitis. Keine Eiterung. Trans-, act. of the Ophth. Soc. VI, p. 445. 1886.

28. Lawford. Beginnende Glaskörpereiterung. Tod. Section: Meningitis. Ebenda p. 482. 1886.

29. Davidson. Phthisis dolor. ohne Eiterung. Tod am 3. Tage. Section: Meningitis. Röthung der Sehnerven. Oedem der Orbita. Ebenda p. 486.

30. Dor. Phthisis dolor. Am 5. Tage apoplektischer Anfall, am 7. Tage Tod. Bulletin de la Soc. franç. 1886, p. 12.

31. — Tuberkulose des Auges. Enucleation. Heilung. Nach 6 Wochen tuberk. Meningitis. Tod. Keine Section. Ebenda p. 13.

32. Chevallereau. Traumat. Katarakt. Extraction. Nach sechs Monaten Hämorrhagie im Auge. Enucleation. Nach drei Wochen entlassen. Bald nachher Meningitis tuberculosa. Tod in der 7. Woche nach der Operation. Ebenda p. 16.

33. Galezowski. [1] Nach der Enucleation bei einem Säufer profuse Blutung, die nicht zu stillen war, Orbitalphlegmone, Meningitis. Tod. Section? Ebend. p. 17.

34. — Verletzung auf der Jagd bei einem Diabetiker. Der Enucleation folgte abundanteste, kaum zu stillende Hämorrhagie. Nach 3 Tagen traten meningitische Erscheinungen auf, die zum Tode führten. Section? Ebenda p. 17.

35. — Keine Panophthalmie. Tod. Diphtherie? Arch. d'Opht. VIII. 3, p. 242, 1888.

---

[1] Im Jahre 1886 sagt Galezowski: „Sur plus de six cents énucléations que j'ai faites jusqu'à présent, je n'ai que deux cas mortels" (nämlich Fall 32 und 33). Zwei Jahre darauf, 1888: „La mort à la suite de l'énucléation s'est toujours produite dans des cas de panophtalmie." Er hat also seine eigenen, 1886 mitgetheilten Fälle vergessen. Er fügt ausserdem hinzu: „Sur quatre cents énucléations faites en dehors de la panophtalmie, je n'ai eu qu'un décès." Darnach müsste er etwa 300 Enucleationen bei Panophthalmitis gemacht haben.

36. Hobby. Panophthalmitis. Am andern Tage Fieber, Delirien, Coma. Am 4. Tage Tod. Keine Section. Amer. Journ. of Ophth. III. p. 141, 1886.

37. Panas. Panophthalmitis. Am 8. Tage pleuritischer Erguss. Tod nach einigen Tagen. Section: Eitrige Meningitis, Empyem, multiple Abscesse in der Lunge. Nephritis interstitialis. Panas schliesst daraus, dass die Infection schon vor der Enucleation stattgefunden habe. Arch. d'Opht. VIII 1888, p. 239.

38. Gayet. Panophthalmitis. Tod. Gayet meint, auch in diesem Falle sei die Infection der Panophthalmitis, nicht der Enucleation zur Last zu legen. Ebenda p. 242.

39. u. 40. Coppez. Zwei Todesfälle nach Enucleation bei Panophthalmitis ohne nähere Angabe. Ebenda p. 242.

41. Lang. Cataracta traumatica reducta. Am 3. Tage citrige Iritis, Panophthalmitis. Bei der Enucleation wurde die Sclera angeschnitten, und der Eiter floss aus. Nach 2 Tagen trat der Tod ein. Section: Meningitis. In der Orbita keine dem freien Auge sichtbaren Veränderungen. Transact. of the Ophth. Soc. VII, p. 319, 1888.

42 u. 43. Meine beiden Fälle Seite 85 und 86.

5) In denjenigen Fällen, in welchen es sich um Enucleation bei Panophthalmitis handelt, ist nun aber noch keineswegs erwiesen, dass die Enucleation die Schuld an der Meningitis trage, denn Panophthalmitis kann auch ohne das Dazwischentreten der Enucleation durch Meningitis[1] zum Tode führen. Erst kürzlich ist ein solcher Fall von David Webster[2] veröffentlicht worden. Es handelte sich um eine Staarextraction mit Cocaïn ohne Zwischenfall. Am 2. Tage Delirien, am 4. Tage Chemosis, am 8. Tage Panophthalmitis, am 12. Tage unter den Er-

---

[1] Société franç. d'Ophtal. Session 9. Mai 1888.
[2] Med. Society of the State of New-York 7. February 1888; New-York Medical Record 11. February 1888.

scheinungen von Meningitis trat der Tod ein. Und ebenso hat
Motais zwei Fälle von Phlegmone des Auges mit tödtlichem
Ausgang ohne Section beobachtet.

Auch ist es nicht lange her, dass durch die Zeitungen die
Nachricht ging, dass ein in Deutschland allgemein bekannter, ange-
sehener Mann in gleicher Weise an den Folgen einer Staaroperation
gestorben sei. Es würde nicht schwer sein, mehr Beispiele der Art
zu sammeln, wenn auch über sie aus leicht begreiflichen Gründen
nicht gerade mit Vorliebe von den Operateuren öffentlich berichtet
wird.

6) Die Veröffentlichungen von Graefe und Brückner-Deutschmann haben dann v. Wecker[1]) veranlasst, sich ebenfalls über die
Gefährlichkeit der Enucleation auszusprechen. Sein grosses operatives Material hat ihn in den Stand gesetzt, dem Grade der Gefährlichkeit durch ein Zahlenverhältniss Ausdruck zu geben. In den
24 Jahren seiner Pariser Thätigkeit (1886) hat er auf ungefähr·
600 Enucleationen zwei Todesfälle gehabt; das giebt eine Mortalität
von $3\,^o/_{oo}$, annähernd dieselbe Zahl, welche Graefe angiebt.

Im Mai 1887 berichtete aber D'Oench[2]) der Akademie der
Medizin in New-York über 500 von Knapp nacheinander ausgeführte
Enucleationen, 50 in Heidelberg, 450 in New-York. 462 Fälle
heilten ohne Reaction, eine stärkere Reaction trat in wenig Fällen
ein. Ganz besonders wird hervorgehoben, dass in keinem einzigen
Falle cerebrale Erscheinungen auftraten, ebensowenig ein letaler
Ausgang.

Da ich mit solchen Zahlen in dem kleinen Heidelberg begreif-
licherweise nicht concurriren konnte und doch auch den Wunsch hatte,
mir nach dem mir zugänglichen Materiale ein eigenes Urtheil zu
bilden, habe ich die bezüglichen Zahlen von Arlt (schon Januar
1887) und denjenigen seiner Assistenten, welche öffentliche Kliniken
leiten, nach brieflicher Mittheilung zusammengestellt. Danach hat

---

[1]) L'antisepsie comme moyen préventif des dangers de mort après les
opérations orbitaires. Ann. d'ocul. XCV. p. 55.

[2]) Report on a series of five hundred successive cases of enucleation of
the eyeball. Arch. of Ophth. XVI. p. 187.

1. Arlt die erste Enucleation 1858, im Ganzen ca. 200, gemacht. Kein Todesfall.

2. Rydel 82 Enucleationen, bei Panophthalmie niemals; keine Meningitis, kein Todesfall.

3. Schulek 202 Enucleationen; keine Meningitis, kein Todesfall.

4. Sattler, Anzahl nicht angegeben; wiederholt bei Panophthalmie; keine Meningitis, kein Todesfall.

5. Fuchs schätzt die unter seinen Augen gemachten Enucleationen auf 250 bis 300. Bei Panophthalmitis hat er niemals enucleirt; keine Meningitis, kein Todesfall.

Rechne ich dazu meine eigenen 360 Enucleationen, bei denen niemals Meningitis in Folge der Operation aufgetreten ist, so sind das im Ganzen[1]) mehr als 1000 Enucleationen, welche niemals Meningitis zur Folge gehabt haben.

Ich bin bei dieser Zusammenstellung davon ausgegangen, dass, wenn die 1000 Enucleationen auch nicht von einer Hand gemacht worden sind, die verschiedenen Hände doch in derselben Schule geschult worden sind, und zwar in der Schule dessen, dem wir die Methode der Enucleation verdanken. Sie dürften aus dem Grunde wohl als ein homogenes Beobachtungsmaterial anzusehen sein.

Obgleich ich noch darauf zurück komme, will ich gleich hier nicht zu erwähnen unterlassen, dass ich zwar keine Meningitis als Folge der Enucleation unter meinen 360 Fällen, dafür aber zwei Todesfälle im Anschlusse an eine Enucleation gehabt habe. Beide betreffen marantische Kinder.

Ueber den einen Fall hat Fr. Meyer schon berichtet.[2]) Ein dreijähriges scrophulöses, marantisches Kind wurde mit Ekzem, Blepharitis und Conjunctivitis aufgenommen. Im Verlauf von 14 Tagen infiltrirte sich die Cornea; es entstand ein grosses, tiefes Geschwür mit aufgeworfenen Rändern, das zu ausgedehnter Perforation und

---

[1]) Bei Fuchs sind einige Fälle von Arlt mitgezählt, diese also doppelt gerechnet; dagegen fehlt die Anzahl der Fälle von Sattler.

[2]) Ueber einen Fall von arterieller Blutung bei Enucleatio bulbi. XVII. Ber. der Ophth. Gesellsch. 1887, S. 208. — Siehe auch: Zur Anatomie der Orbitalarterien. Morphol. Jahrbücher XII, S. 414.

Panophthalmitis führte. Am 21. Oktober 1884 wurde deshalb die Enucleation in Narkose vorgenommen. Bei der Durchschneidung des Nervus opticus, die in ca. 5 mm vom Bulbus entfernt vorgenommen wurde, trat plötzlich eine starke arterielle Blutung ein. Bei dem Versuche, das spritzende Gefäss mit dem Schieber zu fassen, riss ein Stück desselben ab. Erst der zweite Versuch gelang; das Gefäss wurde unterbunden und die Blutung stand. Am 4. Tage, 25. Oktober, trat der Exitus letalis ein. Die Section ergab: Obsolete Pleuritis links, acute Broncho-Pneumonie im linken Oberlappen, Miliartuberkulose der rechten Lunge, geschwellte und verkäste Bronchial- und Mesenterialdrüsen, Milztumor, Fettleber; also keine Meningitis.

Kann man in diesem Falle die Enucleation als Todesursache ansehen? — Vielleicht hat sie das Eintreten des Todes beschleunigt; gezählt waren die Tage des Kindes ohnehin.

Mit mehr Recht könnte man sagen, ich hätte die Enucleation nicht vornehmen sollen. Heute würde ich, wie ich vorgreifend aussprechen will, in einem solchen Falle die Exenteration vornehmen. Die Blutung wäre dann allerdings nicht eingetreten.

Der zweite Fall betrifft zufällig die letzte Enucleation des Zeitraums, über den ich berichte.

Minna S., 3 J., aus L., wurde am 13. Juni d. J. in die Klinik gebracht, mit Tuberkulose des rechten Auges, deren allmähliche, von der Iris ausgehende Entwicklung ambulatorisch von uns beobachtet war. Die tuberkulose Geschwulst hatte die Hornhaut allseitig durchbohrt und wucherte als ringförmiger, dem Ciliarrande entsprechender Wulst aus der Lidspalte heraus. Ich entschloss mich trotz des apathischen Zustandes, in dem das Kind sich befand, zur Enucleation, die am 15. Juni d. J. ausgeführt wurde. Das Wohlbefinden des Kindes und das gute Aussehen der Wunde (kaum Secretion) erlaubte, schon nach 4 Tagen das Auge ohne Verband zu lassen. An demselben Abend trat Fieber ein (38,6°), welches ohne Nachlass anhielt; die Untersuchung der Brust- und Bauchorgane ergab negativen Befund. Grosse Apathie, Sensibilität stark herabgesetzt. Da die Wunde geheilt und keine Secretion vorhanden war, wurde das Kind am 22. Juni der Luisenheilanstalt (Kinderspital) überlassen. Von dort musste es dem Vater auf sein dringendes Verlangen am 27. Juni übergeben werden. Wie dieser dann berichtete, starb das Kind noch an demselben Abend, also am 12. Tage nach der Enucleation.

Obgleich eine Section nicht gemacht worden ist, kann in diesem Falle nicht daran gezweifelt werden, dass das Kind an einer Meningitis gestorben ist. Aber hiesse es nicht den Thatsachen Gewalt anthun, wenn man sie als Folge der Enucleation und nicht als eine tuberkulose Basilarmeningitis auffassen wollte? Ganz abgesehen davon, dass es sich hier um eine intraoculare Geschwulst handelt, für welche auch die Verfechter der Exenteration der Enucleation ihr Recht lassen.

Wenn man diese beiden Fälle trotzdem der Enucleation anrechnet, sinkt der Gefährlichkeitsnumerus meiner Zusammenstellung gegen den von v. Wecker immer noch von $3^o/_{oo}$ auf $2^o/_{oo}$ herab. Thut man es nicht, wie ich meine, dass man dazu keinen Grund hat, so würde aus meiner Zusammenstellung in Verbindung mit der von D'Oench folgen, dass die $3^o/_{oo}$ von Graefe und v. Wecker doch wohl viel zu hoch gegriffen sind.

7) Betrachtet man dem gegenüber die bisher erzielten Resultate der Exenteration, so hat zunächst Bunge[1]) aus der Graefe'-schen Klinik bereits über 300 Fälle von Evisceratio, wie die Operation jetzt auch von Graefe-Bunge genannt wird, berichtet, die ohne ein bedenkliches Symptom verlaufen sind.

Nicht so glücklich sind andere Operateure gewesen. Knapp[2]) hat, veranlasst durch die erste Graefe'sche Publikation, einen früher schon (Februar 1883) von ihm beobachteten Fall von schwerer Orbitalcellulitis nach Evisceration in seinem Archiv mitgetheilt, der allerdings schliesslich geheilt ist.

Aber auch Todesfälle nach der Exenteration sind bereits zu verzeichnen. Professor Schulek in Budapest, dessen operatives Geschick über allen Zweifel feststeht, theilte mir schon vor $1^1/_2$ Jahren mit und hat mir jetzt ausdrücklich gestattet dies zu veröffentlichen,

---

[1]) Bunge. Ueber Exenteration des Auges. Halle 1887.
[2]) Archiv f. Augenh. XVI. 1, S. 55.

dass von 36 Kranken, bei denen er die Exenteration gemacht habe, zwei in der ersten Woche gestorben seien, also unter wesentlicher Beeinflussung von Seite des operativen Eingriffes.

Es wird dies diejenigen Augenärzte nicht sehr überraschen, welche sich von Anfang an gegenüber der Meinung Graefe's von der geringeren Gefährlichkeit der Exenteration im Vergleich zur Enucleation abwartend oder zweifelnd verhalten haben. So zuerst wohl Manz[1]), dann Kuhnt[2]) und andere.

Ich schliesse daraus, wie ich meine, vorsichtig, dass es bis jetzt nicht erwiesen ist, dass die Exenteration weniger die Gefahr eine Meningitis zu veranlassen in sich trägt, als die Enucleation.

Gegen Graefe's 300 Fälle von Exenteration ohne Meningitis stehen Knapp's 500 und die von mir angezogenen 1000 Enucleationen ohne Meningitis.

8) Panophthalmitis. Trotz dieser Stellungnahme zu der in Rede stehenden Frage, habe ich mich selbst auch lange Zeit unter dem Bann der vermeintlichen Gefahr, bei bestehender Panophthalmitis zu enucleiren, befunden und habe es nur ungerne gethan.

Das Wort Panophthalmitis wird aber, wie ich sehe, in doppeltem Sinne gebraucht. Wenn ich nicht irre, stammt das Wort von Fischer[3]) in Prag. Dann hat es durch Arlt in dem ophthalmologischen Sprachschatz Bürgerrecht gewonnen. Fischer und Arlt[4]) haben diese Bezeichnung erst dann gebraucht, wenn zu Eiterungsprozessen im Auge Protrusion des Auges hinzugetreten war, also erst dann, wenn der entzündliche Prozess nicht mehr auf den Bulbus selbst beschränkt war.

Daraus, dass diese beiden Zustände nicht strenge genug auseinander gehalten sind, erklären sich zum Theil die einander widersprechenden Aeusserungen in der diesjährigen Debatte in der Sitzung der französischen Ophthalmologischen Gesellschaft in Paris vom 7. Mai.

---

[1]) Fortschritte der Medizin 1884. S. 818.
[2]) Ueber Enucleatio bulbi. Weimar 1887.
[3]) Lehrbuch, 1846, S. 63.
[4]) Die Krankheiten des Auges, II, S. 229.

Bei der jetzt, insbesondere bei unsern westlichen Nachbarn, lebhaft stattfindenden Discussion über die Frage, ob bei Panophthalmitis enucleirt werden dürfe oder excenterirt werden müsse, sollte wohl streng unterschieden werden, ob der Eiterungsprozess noch auf den Bulbus beschränkt ist (Phlegmone des Auges), oder ob der Prozess schon die Orbitalgebilde, mindestens den extrascleralen Lymphraum, ergriffen habe. Im ersteren Falle spricht vieles dafür, dass eine Ausweidung des Scleralinhaltes das Weiterschreiten des Prozesses in der Regel verhindern wird. Im zweiten Falle kann ich nicht recht verstehen, wie die Evisceration einen Einfluss auf die schon in Mitleidenschaft gezogene Orbita ausüben soll.

Ich würde mich daher auf die Seite derjenigen stellen können, welche bei so vorgeschrittener Eiterung im Auge, dass für die Erhaltung irgend welches Sehvermögens keine Hoffnung mehr, aber noch keine Protrusio besteht, die Evisceration empfehlen, sobald aber Protrusio bulbi eingetreten ist, das radicalere Mittel wählen und zur Enucleation schreiten.

Allerdings könnte man einwenden, dass das Auftreten von Protrusio bulbi nicht immer beweisend für bereits stattgehabte Infection der Orbita sein müsse; es sei vielmehr die Protrusion möglicherweise in vielen Fällen nur durch Erguss in den extrascleralen Lymphraum bedingt. Oder man könnte sich auf Leber[1]) berufen, dem „die Betheiligung der Orbitalgewebe bei acuten intraocularen Eiterungen nur die Bedeutung eines entzündlichen Oedems zu haben scheint," wie es sich constant in der Umgebung eines acuten Abscesses findet, und „wohl durch Eindringen löslicher entzündungserregender Substanzen auf dem Wege der Diffusion ihre Entstehung finden" möchte.

Von Interesse ist es jedenfalls, wie es gewiss niemandem unerwarteter gekommen sein wird, als Alfred Graefe, dass, gerade im Gegensatz zu der durch die Mittheilung A. v. Graefe's vom Jahre 1863 wachgerufene Scheu vor Enucleation während der Panophthalmitis, sich jetzt eine Anzahl gewichtiger Stimmen mit Entschiedenheit für die Vornahme der Enucleation gerade bei Panoph-

---

[1]) Brückner-Deutschmann, l. c. S. 265.

thalmitis ausgesprochen hat. Ich brauche nur Panas[1]), Gayet[1]),
Fieuzal[1]), Dianoux[1]), denen eine Reihe anderer Namen anzu-
schliessen wären, zu nennen.

Ich kann mir nicht versagen einige der charakteristischen Aeusserungen hier wörtlich anzuführen:

„L'énucléation devra être pratiquée dès le moment où les ten-
tatives faites pour arrêter la suppuration du globe seront restées in-
fructueuses. Même en pleine panophtalmie, on devra énucléer,
mais à la condition expresse qu'il n'existe pas déjà des lésions in-
diquant une généralisation de l'infection etc." (Panas).

„J'ai opéré plus de 60 à 80 fois au cours de panophtalmie et
une fois seulement j'ai eu un accident mortel, dans un cas où le
malade était infecté au moment de l'opération, comme le malade
dont M. Panas nous a raconté l'histoire. On ne peut pas dire que
l'énucléation entraîne la généralisation de l'inflammation, car, au
contraire, il est d'observation de voir tomber les phénomènes inflammatoires tout aussitôt après l'opération. Enfin la large incision
du globe ne soulage les malades que d'une façon très passagère,
et l'exentération constitue un procédé plutôt dangereux, par la con-
tinuation des phénomènes inflammatoires qu'elle laisse complètement
subsister" (Gayet).

„Je suis complètement de ce dernier avis, car toutes les fois,
que j'ai pratiqué l'incision cruciale, j'ai du ultérieurement en venir
à pratiquer l'énucléation" (Fieuzal).

„Il n'est pas prouvé, que l'opération dissémine une maladie
qui a déjà, par elle même, tendance à se généraliser" (Dianoux).

„Pour bien établir la responsabilité de l'énucléation dans le
phlegmon de l'oeil, il faudrait, ce me semble, rechercher les cas de
mort par méningite dans les phlegmons de l'oeil, sans intervention
chirurgicale. J'en ai, pour ma part, deux exemples dans ma pratique"
(Motais).

Und Panas noch einmal:

„On obéit (en pratiquant l'énucléation) aux préceptes actuels de

---

[1]) De l'énucléation dans la panophtalmie. Arch. d'Opht. 1888. S. 239 ff.

la chirurgie générale qui veulent que tout foyer local d'infection
soit exstirpé totalement dès que possible."

Ebenso bestimmt sprechen sich allerdings A b a d i e und G a l e -
z o w s k i gegen die Vornahme der Enucleation während der Panophthalmitis aus. Ersterer zieht die Evisceration vor, empfiehlt aber
noch mehr den Augapfel durch einen ausgiebigen queren Schnitt
zu eröffnen, also die Phlegmone des Auges einfach wie einen Abscess
zu behandeln; nebenbei gesagt ein Verfahren, welches wir in Wien
in der Arlt'schen Klinik bereits vor 30 Jahren haben ausüben sehen;
gegen welchen Vorschlag sich dann G a y e t und P a n a s erklären.

Hier sei erwähnt, dass H a r l a n [1]) (Philadelphia) schon im
Jahre 1879 auf Grund eigener Erfahrung und kritischer Beleuchtung der in der Literatur verzeichneten Fälle sich dahin ausgesprochen
hat, dass die Todesfälle nach Enucleation panophthalmitischer Augen
deshalb nichts für die Gefährlichkeit der Enucleation beweisen, weil
„it is most possible to conceive that meningitis might have been
excited without the operation. Any case of death that may occur
under these circumstances should be carefully reported". Dieser Auf-
forderung sind dann, wie wir gesehen haben, M o t a i s und W e b s t e r
nachgekommen.

9) Eine Bemerkung von G a l e z o w s k i im Verlauf derselben
Discussion wird uns nun weiter führen.

Er sagt: „La mort à la suite de l'énucléation s'est toujours
produite dans les cas de panophtalmie. Pour ma part, sur quatre
cents énucléations faites en dehors de la panophtalmie, je n'ai eu
qu'un décès; encore est-il que la malade a succombé à une diphthérie."

Die Angabe, dass die Todesfälle immer Enucleationen bei
Panophthalmie betroffen hätten, entspricht einfach nicht den Thatsachen. Sollten G a l e z o w s k i die Zusammenstellung von B r ü c k n e r -
D e u t s c h m a n n mit den interessanten Ausführungen L e b e r's und
die im Anschlusse an diese erschienene, oben erwähnte Arbeit von
v. W e c k e r unbekannt geblieben sein?

---

[1]) Transact. of the American Ophth. Soc. Newport 1879, p. 542.

Die Frage der Gefährlichkeit der Enucleation muss statistisch
verschieden beantwortet werden, je nachdem bei Eiterung im Auge
operirt worden ist oder nicht.

Von den 43 Fällen von Meningitis ohne oder mit nachgefolgtem
Tode und von Todesfällen ohne Meningitis, die ich S. 79 ff. zusammengestellt habe, sind vier in Heilung übergegangen (Fall 8, 9, 11, 23);
davon bestand in Fall 23 bei der Enucleation Panophthalmitis.
Viermal erfolgte der Tod nicht durch Meningitis (Fall 17[?], 30, 35, 42);
in dem letzten ist dies durch die Section nachgewiesen. In drei Fällen
(31, 32, 43) ist angenommen worden, dass die zum Tode führende
Meningitis tuberkuloser Natur gewesen sei. Siebzehnmal bestand
keine Eiterung in dem enucleirten Auge, zehnmal war die Eiterung
auf das Auge beschränkt, neunmal wurde bei florider Panophthalmitis enucleirt, in drei Fällen (3, 25, 26) fehlen mir die bezüglichen
Angaben über den Zustand des Auges bei der Enucleation. Acht-
zehnmal wurde der Tod, als durch eitrige Meningitis herbeigeführt,
durch die Section erwiesen.

Zwanzigmal ist Meningitis verzeichnet, wenn bei Eiterungsprozessen im Auge die Enucleation vorgenommen wurde, neunzehnmal,
wenn keine Eiterung bestand.

Bei der ausgesprochenen Scheu, die seit 1863 bestand, bei Eiterung zu enucleiren, kann ohne Zwang angenommen werden, dass die
Summe aller bei nicht bestehender Eiterung vorgenommener Enucleationen die bei Eiterung im Auge ausgeführter vielfach über-
steigt. Die grössere Häufigkeit von Meningitis nach der Enucleation
eiternder Augen kann daher nicht in Abrede gestellt werden.

10) Was nun meine eigenen 360 Enucleationen anbetrifft, so sind
die krankhaften Zustände, wegen welcher operirt wurde, aus Tab. VI
ersichtlich. Bei Durchsicht der Tabelle fällt die relativ grosse Zahl
der Enucleationen wegen Neubildungen auf.

D'Oench verzeichnet unter 490 Enucleationen 58 wegen Tumoren; wir haben unter 360 Enucleationen 63 Neubildungen als
Veranlassung der Herausnahme des Auges, d. i. 18 % gegen 12 %.
Aber auch wenn man nur die Häufigkeit der intraocularen Gliome
und Sarkome vergleicht, fällt das Verhältniss zu Gunsten Heidelbergs
aus: 11,1 % : 9,7 %.

Tabelle VI.

| Verletzungen . . | . 104; | darunter 8 Zündhütchenverletzungen. |

Gliom der Retina . .	. 23	
Sarkom der Chorioidea . .	18	
„ „ Cornea . . .	2	
Epitheliom der Conj.u.Cornea	3	
Amyloide Degeneration d. C.	1	Tumoren 63.
Granuloma iridis	4	
Tuberculosis bulbi	4	
Serosis bulbi	2	
Sehnerventumor	5	
Cysticercus in corp. vitr. . .	1	

Pseudoglioma 6
Iridokyklitis ohne symp. Erk. 22
    „   mit   „   „   10
Phthisis bulbi sine dolore . 19
    „   „   cum   „   . 31
Staphyloma corneae . . . 32
    „   sclerae 6
Ectasia bulbi congenita . . 6
    „   „   acquisita . . 13
Glaucoma absolutum . . 10
    „   secundarium . . 4
    „   haemorrhag. . . 3
Haemophth. non traum. . . 2
Panophthalmitis 10
Chorioiditis metastatica . . 3
Hypopyumkeratitis 1
Amaurosis congenita . . 8
Netzhautablösung . . . 6
Prolapsus bulbi 1
—————
360

11) Wenden wir uns zu dem zweiten Gesichtspunkte, von dem aus, insbesondere von Mules, der Exenteration vor der Enucleation der Vorzug gegeben wird, so kann ohne weiteres zugegeben werden, dass nach der Exenteration durch den zurück bleibenden Stumpf günstigere Verhältnisse für die Einsetzung und das Tragen eines künstlichen Auges geschaffen werden.

Wie gross der Vortheil anzuschlagen ist, ist aber nicht allgemein auszudrücken, da den höchst verschiedenen Ansprüchen der

Kranken gegenüber doch auch in Betracht kommt, dass die Heilungs-
dauer nach der Exenteration eine beträchtlich längere ist, als nach
der Enucleation. Ich glaube, dass daran auch nach den von Bunge
für die Exenteration angegebenen Zahlen niemand Zweifel haben wird.

12) Da ich selbst eine nicht ganz uninteressante Beobachtung
anzuführen habe, kann ich den Gedanken von Mules hier nicht mit
Stillschweigen übergehen, den Stumpf dadurch noch zweckdienlicher
werden zu lassen, dass er, das entfernte Corpus vitreum durch künstlichen Glaskörper ersetzend, eine Hohlkugel von passender Grösse in
die ausgeweidete Sclera einheilen lässt.

Nachdem von anderer Seite die Zerbrechlichkeit des gläsernen
Materials beanstandet war, sind Hohlkugeln aus dünnem Edelmetall
in Vorschlag gebracht (Keall[1]). Mit dem gleichen Bestreben hat
sich Kuhnt experimentell beschäftigt und dann seit November
1886 Hohlkugeln aus feinem Silber mit nachheriger Vergoldung
beim Menschen angewendet (l. c. S. 9), und zwar, wie er angiebt, mit
dauernd gutem Erfolge.

Einen von anderer Seite gemachten Vorschlag habe ich in einem
Falle befolgt, mit einem Verlauf, der mir der Mittheilung werth
scheint.

Am 9. II. 88 trat ein 19 jähriges Mädchen, F. N. aus N., in
die Klinik ein mit einem amaurotischen, stark ektatischen linken
Auge, welches, aus den ersten Lebensjahren datirend, nach Mittheilung des Vaters in der letzten Zeit rasch an Grösse zugenommen
hatte, nach dem Aussehen des Auges unter Bildung vorderer Scleral-
staphylome; die Spannung stark vermehrt, das Auge empfindlich; aus-
strahlende Schmerzen in Stirn und Wange. Am 11. Februar unter
Befolgung von Bunge's Regeln exenterirt. eine 15 mm im Durchmesser haltende, mit Kalk polirte Elfenbeinkugel in die Scleralhöhle
eingelegt, dann erst die Scleralwunde mit zwei fortlaufenden Nähten,
von der Mitte aus horizontal, und darüber zuletzt die Conjunctiva durch
Tabaksbeutelnaht vereinigt. In den ersten beiden Tagen keine Chemosis, keine Lidschwellung. Am 14. II. trat schmerzhafte Schwellung
der Conjunctiva und des Lides ein. Schon am 16. II. schwoll das

---

[1] Brit. Medic. Journ. 1887, Febr. p. 329.

Lid ab; am 23. wurden die Nähte entfernt. Die Wunde schien gut und fest verheilt zu sein, der Stumpf war gut beweglich und auch bei Druck vollständig unempfindlich. Nur der weiteren Beobachtung wegen wurde Patientin noch in der Klinik behalten und am 7. März in scheinbar durchaus befriedigendem Zustande entlassen. — Patientin stellte sich dann noch einigemale wieder vor, kam aber am 2. Juni d. J. und brachte uns die eingeheilte, unversehrte und an der Oberfläche vollständig glatte Kugel in der Hand mit, mit der Angabe, sie sei vor $1^1/_2$ Wochen ohne Schmerzen heraus gefallen. Der Stumpf sah ganz gut aus, die Bindehaut ohne alle Injection.

Der Fall lehrt uns zweierlei: 1. dass nach 14 bis 15 wöchentlichem Verweilen in der Scleralhöhle die Politur der Elfenbeinkugel durchaus unversehrt geblieben war; 2. dass die Narbe in der Sclera und in der Conjunctiva nach 3 Monaten schmerzlos nachgegeben und den Fremdkörper eliminirt hat.

War daran die ungenügende Festigkeit der Narbe schuld oder ist das Gewicht einer Elfenbeinkugel von 15 mm Durchmesser 3,48 gr zu gross?

13) Ueber eine andere Erfahrung, die ich mit der Exenteration machen konnte, habe ich auf der vorigjährigen Naturforscher-Versammlung[1]) bereits referirt.

Es wurde ein 15 Monate altes Mädchen, E. Z. aus O., mit Panophthalmitis in die Klinik gebracht. Als ich es mit dem Kopf zu gewohnter Weise zwischen die Kniee nahm, schrie es wohl ein wenig. Als ich dann sah, dass die ganze Cornea zerstört war, liess ich mir den kleineren Graefe'schen Exenterationslöffel geben und entleerte ohne Narkose die Scleralhöhle vollständig. Dabei verhielt ich das Kind so ruhig, dass ich schliessen zu können glaube, es verursache die Prozedur keine erheblichen Schmerzen. Die Blutung war sehr mässig. Das Auge blieb daher unverbunden, und konnte schon nach 4 Tagen das Kind der Mutter nach Hause gegeben werden.

14) Ich selbst habe die Exenteration 8 mal im Jahre 1886, 11 mal im Jahre 1887 und 4 mal bis jetzt in diesem Jahre, also im Ganzen

---

[1]) Tageblatt der 60. Vers. der Naturf. u. Aerzte. Wiesbaden 1887, S. 168.

23mal, und zwar 16mal wegen Phlegmone des Auges ohne Protrusion, 5mal wegen septischem Trauma bevor es zur Phlegmone gekommen und 2mal wegen Staphylom der Cornea und Sclera gemacht. Dabei habe ich constatiren können, dass sich, wenn man bei Phlegmone exenterirt, eine grosse Erleichterung sofort geltend macht. Die Heilung ist allerdings beträchtlich langwieriger als nach der Enucleation.

15) Wenn ich zum Schluss noch auf die Bemerkung von Bunge, dass er durch die Exenteration eine sympathische Ophthalmie geheilt habe, eingehe, so geschieht es, um auf die drei Fälle durch Enucleation geheilter sympathischer Ophthalmie hinzuweisen, welche Kuhnt veröffentlicht hat (l. c. S. 3). Ich kann daher in dem Bunge'schen Fall keine Beweisführung zu Gunsten der Exenteration erblicken.

Dagegen sind jüngst von Cross [1]) zwei Fälle von sympathischer Ophthalmie nach Evisceration, allerdings mit Einheilung von einmal einer gläsernen und das zweite mal einer Metallkugel, mitgetheilt.

16) Nach alle dem muss ich mich dahin aussprechen, dass mir

1. der Beweis der geringeren Gefährlichkeit der Evisceration im Vergleich zur Enucleation bis jetzt nicht erbracht zu sein scheint;
2. dass ich die Evisceration bei Phlegmone des Auges (ohne Protrusion) als eine Verbesserung der früher schon geübten Spaltung des Auges betrachte und demgemäss übe;
3. dass ich bei bestehender Panophthalmitis mit Protrusion mir trotz der bei Eiterung nachgewiesenen grösseren Gefährlichkeit gegenüber der Enucleation nicht eiternder Bulbi mehr von der Enucleation als von der Evisceration verspreche;
4. dass die Evisceration in den meisten Fällen für das Tragen eines künstlichen Auges günstigere Bedingungen setzt;
5. dass ich aber auf Grund der Fälle von Cross besorge, dass durch das Einheilen von Glas- oder Metall-Hohlkugeln eine vermehrte Neigung zum Auftreten sympathischer Ophthalmie hervorgerufen werde.

---

[1]) Sympathetic ophthalmitis occurring after evisceration. Transact. of the Ophth. Society VII. 1887, p. 149.

V. Lehrthätigkeit.

Bei der Vertheilung des Unterrichtsstoffes bin ich davon ausgegangen, dass die Zuhörer, um am Schlusse ihres Studiums berechtigten Anforderungen einigermaafsen genügen zu können, zwei Semester Augenheilkunde hören müssen.

Der Unterricht besteht zunächst in dem eigentlich klinischen Unterricht, welcher täglich von 12 bis 1 Uhr stattfindet. Jedoch habe ich semesterweise bald eine, auch wohl zwei dieser Mittagsstunden in der Woche in ein Collegium publicum umgewandelt, in welchem ich im Winter über Funktionsprüfung des Auges lese, während ich in den letzten Jahren im Sommer eine dieser Stunden zu einem Repetitorium der Augenheilkunde verwendet habe. Bei diesem haben sich diejenigen Zuhörer eifrig betheiligt, welche im darauf folgenden Winter sich dem Staatsexamen zu unterziehen gedachten.

Des Nachmittags (2 mal wöchentlich von 4—5 Uhr) wird ohne Ausnahme ein mehrstündiger Augenspiegelkurs abgehalten. Fast immer ist der Zudrang so gross, dass noch eine oder zwei Stunden hinzugenommen werden müssen. Da die Anzahl der Krankheitsfälle, welche ohne Nachtheil Anfängern zum Augenspiegeln-Lernen geboten werden konnten, nicht immer eine genügende ist, wird ihnen um so reichlicher Gelegenheit gegeben, gesunde Augen von Schulkindern zu untersuchen. Für eine geringe Entlohnung finden sich immer Kinder genug, und die Studenten haben somit Gelegenheit, sich in der Ueberwindung der technischen Schwierigkeiten der Untersuchung im aufrechten und umgekehrten Bilde eine gewisse Sicherheit zu erwerben, die sie befähigt, die pathologischen Fälle nutzbringend zu untersuchen.

Denen, die es so weit gebracht haben, gebe ich dann während der Klinik jede sich bietende Gelegenheit sich zu üben und ihre Geschicklichkeit zu bewähren.

Die Operationskurse an der Leiche und an Schweinsaugen habe ich nicht mehr regelmässig gegeben, seitdem durch die Verordnung vom 2. Juni 1883 die klinisch-technische Prüfung in eine klinische umgewandelt ist. Gelegenheit sich im Operiren zu üben, wird jedoch immer geboten.

So lange einer meiner Assistenten als Privatdozent habilitirt gewesen ist, habe ich ihm die Nachmittagskurse abgetreten. Ich gestehe, dass die Erfolge, welche sie durch Wissen, Lehrtalent und Eifer errungen haben, mir zu grosser Befriedigung gereicht haben.

Die Anzahl der Zuhörer war bei Beginn meiner Heidelberger Lehrthätigkeit gering. Sie ist mit der Zunahme der sich dem Studium der Medizin widmenden Studenten naturgemäss gewachsen. In die Klinik sind in den letzten Jahren im Winter etwa 30—40, im Sommer 50 Zuhörer eingeschrieben gewesen.

Ueber die erzielten Erfolge mich selber auszusprechen, ziemt sich wohl nicht. Doch möge es mir gestattet sein, darauf hinzuweisen, dass meine Schüler gesuchte Assistenten für andere Kliniken zu sein pflegen.

Es ist nur eine Pflicht dankbarer Anerkennung, wenn ich am Schlusse dieses Berichtes die Namen aller derjenigen Herren mit kurzen Notizen über ihre späteren Erlebnisse aufführe, welche mit mir in gemeinschaftlicher Arbeit die Freuden und Leiden der zwanzig Jahre klinischer Thätigkeit getragen haben.

Ich blicke nicht ohne Genugthuung auf die lange Reihe tüchtiger Männer, welche sich in bald geringerem, bald höherem Maafse an der von mir geleiteten Klinik für ihren ärztlichen Beruf und ihre wissenschaftliche Laufbahn herangebildet haben.

Für die Arbeitsfreudigkeit und die Richtung wissenschaftlicher Thätigkeit, welche die Heidelberger Universitäts-Augenklinik kennzeichnet, legt das Verzeichniss der aus ihr hervorgegangenen Publikationen Zeugniss ab.

VI. Literaturverzeichniss.

1868. OTTO BECKER macht in der Discussion über Neuritis optica auf das Ungenügende der bisherigen Erklärung der Stauungspapille aufmerksam, indem die Vena centralis n. o. oft nicht direkt in den Sinus cavernosus, sondern in eine Orbitalvene mündet.[1]
Klinische Monatsblätter S. 313.

1869. OTTO BECKER. Ueber Retinitis leucaemica. Mit 2 Tafeln.
Knapp's Archiv I. 1. S. 94—105.

IWANOFF. Beiträge zur normalen und pathologischen Anatomie des Auges. Mit 5 Tafeln.
1. Beiträge zur Ablösung des Glaskörpers. — 2. Bemerkungen zur pathologischen Anatomie des Glioma retinae. — 3. Das Oedem der Netzhaut.
Graefe's Archiv XV. 2. S. 1—107.

— „ — Beiträge zur Anatomie des Ciliarmuskels. Mit 2 Tafeln.
Graefe's Archiv XV. 3. S. 284—298.

H. DE GOUVÉA. Beiträge zur Pathologie und pathologischen Anatomie der Kalkverbrennung der Hornhaut. Mit 2 Tafeln.
Knapp's Archiv I. 1. S. 106—121.

---

[1] Die Arbeit, auf die ich mich damals bezog, war auf meine Anregung von Dr. Grosswald und Sesemann in Wien begonnen, wurde nach des ersteren Tode von Sesemann in Tübingen bei Luschka zu Ende geführt und erschien 1869.

1869. H. DE GOUVÊA. Resultat einiger Versuche über die Entstehung der Glaskörperablösung in Folge von Glaskörperverlust. Mit 1 Tafel.
Graefe's Archiv XV. 1. S. 244—258.

1870. OTTO BECKER. Zur Diagnose intraocularer Sarkome. Mit 2 Tafeln und 3 Holzschnitten im Text.
Knapp's Archiv I. 2. S. 214—220.

1871. OTTO BECKER. Arterienpuls bei Aorteninsuffizienz.
Klinische Monatsblätter S. 380—387.

1872. OTTO BECKER. Ueber die sichtbaren Erscheinungen der Blutbewegung in der menschlichen Netzhaut.
Graefe's Archiv XVIII. 1. S. 206—296.

— „ — Heinrich Müller's gesammelte und hinterlassene Schriften zur Anatomie und Physiologie des Auges. I. Bd. Gedrucktes. Herausgegeben von O. B.
Leipzig. Engelmann.

J. ARNOLD und O. BECKER. Doppelseitiges, symmetrisch gelegenes Lymphadenom der Orbita. Mit 1 Tafel.
Graefe's Archiv XVIII. 2. S. 56—68.

1873. OTTO BECKER. Ueber Strikturen im Thränennasenkanal ohne Ektasie des Thränensacks.
Graefe's Archiv XIX. 3. S. 353—358.

— „ — Ueber spontanen Arterienpuls in der Netzhaut, ein bisher nicht beobachtetes Symptom des Morbus Basedowii.
Wiener medizinische Wochenschrift S. 565 u. 589.

W. GOLDZIEHER. Zur Aetiologie der Netzhautablösungen.
Centralblatt f. d. mediz. Wissensch. S. 164.

— „ — Die Geschwülste des Sehnerven. Mit 2 Tafeln.
Graefe's Archiv XIX. 3. S. 119—144.

1874. OTTO BECKER. Atlas der pathologischen Topographie des Auges. Gezeichnet von C. und G. Heitzmann. 1. Lieferung 1874. 2. Lieferung 1875. 3. Lieferung 1877.

Wien. Braumüller.

— „ — Ueber Einheilung von Kaninchenbindehaut in den Bindehautsack des Menschen. (Ein Beitrag zur Symblepharonoperation).

Wiener medizinische Wochenschrift No. 46.

— „ — Demonstration und Erklärung einiger Apparate (Phakoskop von Helmholtz, Radioskop und Centrometer von Becker).

Ber. d. Ophthalm. Ges. — Klin. Monatsbl. S. 408–422.

— „ — Vorlegung einiger Zeichnungen von Augendurchschnitten und Erklärung der Methode, wie sie angefertigt sind.

Ebenda S. 424—429.

FRITZ RAAB. Zur pathologischen Anatomie des Auges. Befund bei einem total ektatischen Bulbus.

Klin. Monatsbl. S. 386—391.

1875. OTTO BECKER. Pathologie und Therapie des Linsensystems.

In „Handbuch der gesammten Augenheilkunde von Graefe und Saemisch". V. Kapitel 7, S. 157 bis 520. — Leipzig, Engelmann. — Dasselbe in's Spanische übersetzt.

— „ — Kapseleröffnung; Krystallwulst; Verkalkende Linse.

Klin. Monatsbl. S. 440, 445, 449.

FRITZ RAAB. Ueber spontane Dislocation der Linse und ihre Folgen. Mit 1 Tafel.

Graefe's Archiv XXI. 1. S. 190—222.

— „ — Doppelter Thränenpunkt.

Klin. Monatsbl. XIII. S. 331—333.

1875. FRITZ RAAB. Beiträge zur pathologischen Anatomie des Auges. 1. Verletzung; Geschwulstbildung in der Iris und Chorioidea nebst Bemerkungen über „Iriseinsenkung". Klin. Monatsbl. XIII. S. 239—257.

LEOPOLD WEISS. Ein Fall von Sehnervenblutung. Klin. Monatsbl. XIII. S. 114—123.

— „ — Ein Fall von scheinbarer Myopie. Ebenda S. 124—132.

— „ — Polyopia monocularis an einem Auge, dessen Hornhaut abnorm gekrümmt ist (ein dem Keratokonus entgegengesetztes Verhalten zeigt). Graefe's Archiv XXI. 2. S. 187—204.

— „ — Zur Bestimmung des Drehpunktes im Auge. Graefe's Archiv XXI. 2. S. 132—186.

— „ — Beiderseitige metastatische Chorioiditis als einzige Metastase nach einer complizirten Fractur. Klin. Monatsbl. p. 393.

DR. KRÜKOW. Zwei Fälle von angeborenem Hornhautstaphylom. Beitrag zur Pathologie des Foetusauges. Mit 1 Tafel. Graefe's Archiv XXI. 2. S. 213—235.

— „ — Ueber Hornhautentzündung. Klin. Monatsbl. S. 488—499.

1876. OTTO BECKER. Photographische Abbildungen von Durchschnitten gesunder und kranker Augen. 1.—3. Serie, je 10 Tafeln enthaltend. Wien. W. Braumüller.

FRITZ RAAB. Beiträge zur pathologischen Anatomie des Auges. II. Buphthalmus congenitus. Ueber die Entwicklung des Intercalarstaphyloms und der partiellen Scleralektasien. Klin. Monatsbl. XIV. S. 22—43.

1876. LEOPOLD WEISS. Beiträge zur Entwicklung der Myopie. Ueber eine leicht ausführbare Messung des Augenspiegelbildes und die Bedeutung dieser Messung für die Beurtheilung des dioptrischen Apparates des Auges.
Graefe's Archiv XXII. 3. S. 1—124.

MAX KNIES. Ueber das Glaukom. Mit 2 Tafeln.
Graefe's Archiv XXII. 3. S. 163—202.

1877. OTTO BECKER. Ueber isolirte Aderhautruptur.
Klin. Monatsbl. XV. S. 41.

— „ — Ophthalmoskopische Sichtbarkeit des Sehpurpur.
Ber. d. Ophthalmolog. Gesellsch., S. 144.

— „ — Das Auge und die Schule. VI. akademischer Vortrag zu Heidelberg.
Centralbl. f. prakt. Augenheilk. S. 66.

— „ — Ueber Sondirung der Thränenwege ohne Schlitzung eines Thränenröhrchens.
Centralbl. f. prakt. Augenheilk. S. 97.

LEOPOLD WEISS. Die Vergrösserung, in der man bei der Augenspiegeluntersuchung im aufrechten Bild den Augengrund sieht — durch Messung des Augenspiegelbildes der Papille und Messung des anatomischen Durchmessers der Papille an einem und demselben Auge — direkt bestimmt.
Graefe's Archiv XXIII. 1. S. 109—156.

— „ — Ueber die Tuberkulose des Auges. Mit 3 Tafeln.
Graefe's Archiv XXIII. 4. S. 29—56.

— „ — Ueber den nach dem Weber'schen Hohlschnitt entstehenden Cornealastigmatismus und die Ursache des nach Extractionen entstehenden Astigmatismus überhaupt. Mit 3 Figuren im Texte.

Knapp's Archiv VI. 1. S. 58—84.

1877. MAX KNIES. Sechzehn Fälle von Aderhautsarkom nebst epikritischen Bemerkungen. Mit 2 Figuren im Text.

Knapp's Archiv VI. 1. S. 158—204.

(Die Arbeit basirt auf mikroskopischen Untersuchungen von Dr. C. Cutter in New-York, von Dr. Chodin in Moskau und von Dr. Knies.)

— „ — Ueber den Spindelstaar und die Accommodation bei demselben. Mit 1 Tafel.

Graefe's Archiv XXIII. 1. S. 211—228.

— „ — Ueber das Glaukom. II.

Graefe's Archiv XXIII. 2. S. 62—78.

H. KUHNT. Ueber Regeneration in der Netzhaut.

Klin. Monatsbl. XV. S. 22.

TH. RUMPF. Zur Lehre von der binocularen Accommodation. Preisschrift und Dissertation.

Beilageh. zu den klin. Monatsbl.

1878. OTTO BECKER. Ueber Augenkrankheiten mit Rücksicht auf Lokalisation von Gehirnleiden.

Vortrag, gehalten in der feierlichen Sitzung des internationalen medizinischen Congresses in Amsterdam.

— „ — a) Demonstration eines Falles von Cornealmyopie.

b) Farbige Schatten und inducirte Farben.

Klin. Monatsbl. XVI. S. 236.

FRITZ RAAB. Ueber einige dem amaurotischen Katzenauge zu Grunde liegende entzündliche Erkrankungen des Auges. Mit 1 Tafel.

Graefe's Archiv XXIV. 3. S. 163—184.

1878. LEOPOLD WEISS. Ueber die Refractionsveränderung, welche bei Accommodationslähmung beobachtet wird.

Graefe's Archiv XXIV. 2. S. 190—212.

H. KUHNT. Ueber Erkrankung des Sehnerven bei Gehirnleiden.

Archiv für Psych. u. Nervenk. X. 1. S. 278.

— „ — 1. Ueber ein neues Endothelhäutchen im Auge. 2. Zur Genese der Neuritis. 3. Grosszellenzone im Pigmentepithel des Menschen.

Klin. Monatsbl. XVII. S. 36, 159, 238.

— „ — Eine Modification der Iridektomie zu optischen Zwecken.

Centralb. f. prakt. Augenheilk. S. 138.

G. HEUCK. Ueber angeborenen vererbten Beweglichkeitsdefekt der Augen. Dissertation.

Klin. Monatsbl. XVII. S. 253.

1879. OTTO BECKER. Ein Fall von angeborener einseitiger totaler Farbenblindheit.

Graefe's Archiv XXV. 2. S. 205--212.

H. KUHNT. Zur Kenntniss des Sehnerven und der Netzhaut. Mit 1 Tafel.

Graefe's Archiv XXV. 3. S. 179—288.

1880. OTTO BECKER. Der spontane Netzhautarterienpuls bei Morbus Basedowii.

Klin. Monatsbl. S. 1.

ALBERT ALSBERG. Ueber den Nachweis von Quecksilber im Harn nach Einstäuben von Calomel in den Bindehautsack.

Knapp's Archiv IX. S. 413.

PAUTYNSKI. Pilocarpin und Homatropin.

Klin. Monatsbl. S. 343.

1881. OTTO BECKER.	Die Gefässe der menschlichen Macula lutea, abgebildet nach einem Injectionspräparate von Heinrich Müller. Mit Text von Otto Becker. Mit 2 Tafeln. Graefe's Archiv XXVII. 1. S. 1–20.
— „ —	Ueber die Entstehung der sympathischen Ophthalmie (mit Demonstration von Präparaten). Archiv für Psych. XII. 1.
— „ —	Ueber heterochrome Photometrie. Ber. d. Ophth. Ges. S. 167.
H. SCHÄFER.	Ein Fall von congenitalem einseitigem Schichtstaar. Klin. Monatsbl. S. 455.
1882. OTTO BECKER.	Zur Anatomie der gesunden und kranken Linse. Centralbl. f. prakt. Augenheilk., Mai.
— „ —	Ueber die Structur der Krystall-Linse. XIV. Ber. d. Ophth. Ges. S. 174.
B. BETTMAN.	Der Augenbefund bei zwei Fällen von tödtlich verlaufener Anämie. Knapp's Archiv XI. S. 28—49.
DA GAMA PINTO.	Anatomische Untersuchung eines nach Critchett's Methode wegen Hornhautstaphylom operirten Auges. Mit 2 Tafeln. Graefe's Archiv XXVIII. 1. S. 170—186.
P. WOLFSKEHL.	Ueber Astigmatismus in Thieraugen und die Bedeutung der spaltförmigen Pupille. Dissertation. Zeitsch. f. vergleich. Augenheilk. 1882. S. 7—17.
1883. OTTO BECKER.	Zur Anatomie der gesunden und kranken Linse. Unter Mitwirkung von Dr. H. Schäfer und Dr. da Gama Pinto. Wiesbaden. Bergmann.

1883. OTTO BECKER. Ueber den Wirbel und den Kernbogen in der menschlichen Linse. Mit 1 Tafel.
Knapp's Archiv XII. S. 127—135.

— „ — Ueber zunehmende und überhandnehmende Kurzsichtigkeit.
XV. Ber. d. Ophth. Ges. S. 77.

DA GAMA PINTO. Contribution à l'étude des blessures du cristallin.
Archivo ophthal. de Lisbon No. 1.

H. SCHÄFER. Aniridia et aphakia; Iridodialysis traumatica, eine klinisch-histologische Studie.
Graefe's Archiv XXIX. 1. S. 13—51.

— „ — Beitrag zur Iritis gonorrhoica.
Berl. klin. Wochenschr. No. 27.

1884. OTTO BECKER. 1. Zur Structur der Linse. 2. Zur Aetiologie der Katarakt.
XVI. Ber. d. Ophth. Ges.

DA GAMA PINTO. Beschreibung eines mit Iris- und Aderhautcolobom behafteten Auges. Mit 2 Tafeln.
Knapp's Archiv XIII. S. 81—122.

— „ — Ueber das Vorkommen von Karyokinese in der entzündeten Bindehaut des Menschen.
Centralbl. f. prakt. Augenheilk., April-Mai, S. 97.

— „ — Des hémorrhagies consécutives à l'extraction de la cataracte.
Revue générale d'Ophtalm. No. 3, p. 97.

H. SCHÄFER. Anatomische Beschreibung eines Auges mit Iridochorioiditis suppurativa.
Centralb. f. prakt. Augenheilk., Juli, S. 192.

— „ — Chronische Tuberkulose des Auges.
Klin. Monatsbl. S. 307.

1884. H. SCHÄFER. Die Augen der Zöglinge der Taubstummen-
anstalt in Gerlachsheim.

Centralb. f. prakt. Augenheilk., März, S. 65,

— „ — Der graue Staar und seine Behandlung.

Berlin. Grosser.

PAUL HAENSELL. Recherches sur la cyclite.

Bullet. de la clin.-nation.-ophtalmolog. de
. l'Hospice des Quinze-Vingts.
(In Heidelberg gearbeitet; veröffentlicht ohne
eine darauf bezügliche Angabe.)

1885. OTTO BECKER. 1. Ueber Fabrikation künstlicher Augen.
2. Das Zirkelauge, ein zu Unterrichts-
zwecken leicht herzustellender Augendurch-
schnitt.

XVII. Ber. d. Ophth. Ges.

OTTO BESELIN. Untersuchungen über Refraction und Grund-
linie der Augen und über die dynamischen
Verhältnisse der lateral wirkenden Augen-
muskeln an Mädchen von 5—18 Jahren.

Knapp's Archiv XIV. S. 132—167.

VALUDE. Contribution à l'étude des processus inflammatoires de l'œil.

Archives d'Opht. V, p. 328.

1886. DA GAMA PINTO. Untersuchungen über intraoculare Tumoren
(Netzhautgliome).

Wiesbaden. Bergmann.

FR. MEYER. Zur Anatomie der Orbitalarterien.

Morphologische Jahrbücher XII.

V. KAMOCKI. Ueber pathologisch-anatomische Untersuchungen diabetischer Augen.

XVIII. Ber. d. Ophth. Ges. S. 102.

1886. ERNST NEESE. Ein Beitrag zur Tuberkulose des Auges.
Knapp's Archiv XVI. S. 267.

1887. STEFAN BERNHEIMER. Angeborenes totales Hornhautstaphylom mit Dermoidbildung. Mit 1 Tafel.
Knapp's Archiv XVIII. S. 171.

V. KAMOCKI. Pathologisch-anatomische Untersuchungen
von Augen diabetischer Individuen.
Knapp's Archiv XVII. 3. S. 247.

E. NEESE. Ueber das Verhalten des Epithels bei der
Heilung von Linear- und Lanzenmesser-
wunden in der Hornhaut. Mit 4 Tafeln.
Graefe's Archiv XXXIII. J. S. 1—30.

OTTO BECKER. „Meine Erlebnisse" von Ferdinand Arlt. Herausgegeben von Otto Becker.
Wiesbaden. J. F. Bergmann.

1888. ST. BERNHEIMER. Angeborenes totales Hornhautstaphylom
mit Dermoidbildung.
Knapp's Archiv XVIII. S. 171.

— „ — Zur Kenntniss der anästhesirenden Wirkung
des Erythrophleinum muriaticum.
Klin. Monatsbl. Februar 1888.

FR. MEYER. Ein Fall von Lenticonus posterior.
Hirschberg. Centralblatt 1888, Februar, p. 41.

Ausserdem sind an der Augenklinik noch eine Anzahl von
Dissertationen verfasst worden, die sämmtlich von der Fakultät das
Imprimatur erhalten haben. Wenn sie bisher nicht gedruckt sind,
so liegt die Schuld lediglich an mir, indem ich nicht Zeit und
Musse gefunden habe, die Aenderungen an ihnen vorzunehmen,
die die Drucklegung erfordert. Aufführen will ich sie daher
wenigstens hier.

1874. JOS. PASQUIER aus Froibourg i./Schw. Ueber das Centrometer; ein neues Instrument, um die richtige Centrirung der Gläser zu prüfen und die Brennweite derselben zu bestimmen.

1879. KRAILSHEIMER. Ueber Cysticercus im Augeninnern und deren operative Entfernung.

1880. DUPRÉ. Untersuchung der Augen der höheren Töchterschule in Heidelberg.

1881. ERWIN ESMARCH. Stereoskopisches Sehen bei Anisometropie.

1882. OSCAR KATZ. Ueber die Untersuchung Farbenblinder mittelst farbiger Schatten, und über die diagnostische Bedeutung der Lage des neutralen Streifens im Spectrum bei Farbenblinden.

1884. ADOLF BRONNER. Ein Beitrag zur Lehre der sympathischen Ophthalmie.

1885. WILHELM HAAS. Zur Behandlung der Stricturen des Thränenableitungsapparates durch Sondirung ohne Schlitzung der Thränenröhrchen.

1886. GEORG BRANDENBURG. Ueber Coloboma oculi totale.

———————

Von den Collegen, welche im Laboratorium der Klinik durch längere Zeit Histologie getrieben haben, ohne hier etwas zu veröffentlichen, sind Dr. Cutter und Dr. Chodin bereits genannt. Erwähnung verdienen noch Dr. Ferrer, Dr. Gurwitsch und Dr. Johnson.

VII. Verzeichniss der Assistenzärzte,

welche vom 1. Oktober 1865 bis zum 1. Juli 1888 der Augenklinik ihre Dienste gewidmet haben.

1. Dr. BERGMANN, vom 1. Oktober 1868 bis Herbst 1869. Er starb am 19. November 1869 an Endocarditis.

2. Dr. GOUVÉA, vom 1. Oktober 1868 bis Februar 1869; jetzt Professor an der Universität in Rio de Janeiro.

3. Dr. EHRENFRIED BERLIN, von Februar 1869 bis Mai 1870; jetzt praktischer Augenarzt in Palermo.

4. Dr. BERNHARD BARDENHEUER, von Dezember 1869 bis Herbst 1871. Während des Krieges einberufen, trat er nach Beendigung desselben wieder in seine Stellung an der Klinik ein. Gegenwärtig ist Professor Bardenheuer Oberarzt am städtischen Krankenhause in Cöln.

5. Dr. ADOLPH WEIL, von Dezember 1869 bis Ende März 1870; später Docent und ausserordentlicher Professor für innere Medizin in Heidelberg, als ordentl. Professor und Director der medizinischen Klinik nach Dorpat berufen: gegenwärtig praktischer Arzt, im Sommer in Baden-weiler, im Winter in Ospedaletto an der Riviera.

6. Dr. PEITAVY, von Januar bis Ende Mai 1870 und November und Dezember 1871; jetzt Abtheilungsarzt am Allgemeinen Krankenhause in Mannheim (Abtheilung für weibliche chirurgische Kranke).

7. Dr. CONTZEN, von April bis 15. Juli 1870. Im Kriege einberufen, seit Beendigung desselben praktischer Arzt in Cöln.

8. Dr. XENOPHON SCOTT, vom 15. Juli 1870 bis Mai 1871; später Professor der Augenheilkunde an der Universität in Cleveland (Ohio, U. S. A.).

9. Dr. W. GOLDZIEHER, vom 15. Juli bis Oktober 1870, dann wieder von Oktober 1872 bis April 1873; jetzt Docent der Augenheilkunde in Budapest.

10. Dr. ERNSTE, von Oktober 1870 bis 15. Juli 1871; jetzt Bezirksarzt in Hengelo bei Zütphen in Holland.

11. Dr. F. BURKHARDT, vom 15. Juli 1871 bis Ostern 1872; hatte als Regimentsarzt den Krieg mitgemacht; jetzt praktischer Augenarzt in Erfurt.

12. Dr. SCHOELLER, von Ostern 1872 bis Sommer 1874; hatte den Krieg als Arzt beim Garde-Pionier-Bataillon mitgemacht und das eiserne Kreuz erhalten; nach dem Austritt aus der Klinik praktischer Augenarzt, erst in Cöln, dann in Neustadt an der Hardt; starb auf einer Reise in Heidelberg 1879.

13. Dr. FR. RAAB, von Ostern 1873 bis Herbst 1875; jetzt praktischer Arzt in Wien.

14. Dr. H. BENDELL, von Herbst 1874 bis Ostern 1875; jetzt praktischer Augenarzt in Albany, U. S. A.

15. Dr. L. WEISS, von Ostern 1875 bis Ostern 1878; jetzt Docent für Augenheilkunde an der Universität Heidelberg, praktischer Augenarzt in Mannheim.

16. Dr. M. KNIES, von Herbst 1875 bis Herbst 1876; später Assistent erst bei Saemisch, dann bei Horner in Zürich, jetzt Docent für Augenheilkunde in Freiburg.

17. Dr. H. KUHNT, von Herbst 1876 bis April 1880; hatte den Krieg als Combattant mitgemacht, Lieutenant der Reserve; Docent für Augenheilkunde in Heidelberg, jetzt als ordentlicher Professor Director der Augenklinik in Jena.

18. Dr. A. ZELLER, vertrat Dr. Kuhnt vom 1. Oktober 1877 bis 1. Januar 1878, dann Assistent bei Langenbeck und v. Bergmann; jetzt praktischer Arzt(Chirurg) in Stuttgart.

19. Dr. KRAILSHEIMER, vom 1. Oktober 1877 bis Dezember 1879; jetzt praktischer Augenarzt in Stuttgart.

20. Dr. B. BETTMAN, von Dezember 1879 bis Oktober 1880; jetzt praktischer Augenarzt in Chicago, U. S. A.

21. Dr. PAUTYNSKI, von Ostern 1880 bis Weihnachten 1880, später Assistent bei Dr. Pagenstecher in Wiesbaden; jetzt praktischer Augenarzt in Dresden.

22. Dr. DA GAMA PINTO, von Oktober 1880 bis Herbst 1887; Docent der Augenheilkunde in Heidelberg; jetzt Professor der Augenheilkunde in Lissabon.

23. Dr. H. SCHÄFER, von Neujahr 1881 bis Herbst 1885; dann praktischer Augenarzt in Braunschweig.

24. Dr. P. HAENSELL, von Herbst 1881 bis Sommer 1882; jetzt Chef du Laboratoire de la Clinique Nationale Ophtalmologique de l'Hospice des Quinze-Vingts in Paris.

25. Dr. M. REICHENHEIM, von Ostern 1883 bis Neujahr 1886; jetzt praktischer Augenarzt in Heidelberg.

26. Dr. TH. BÄNZIGER, von Herbst 1884 bis Herbst 1885; jetzt praktischer Augenarzt in Zürich.

27. Dr. ST. BERNHEIMER, von Herbst 1885 an.

28. Dr. FR. MEYER, von Neujahr 1886 bis Ostern 1888; mit Dr. da Gama Pinto nach Lissabon gegangen.

29. Dr. BAHR, von November 1887 an.

30. HERMANN MITTERMAIER, praktischer Arzt, von Ostern 1888 an.

Tafel I.

— —

Tafel-Erklärung.

I. Untergeschoss.

1ᵃ Küche. — *1ᵇ* Vorrathskammer. — *2, 3* und *7* Magazine. — *4* Eingang zu dem Hauptluftkanal. — *5* Gasometer. — *6ᵃ, 6ᵇ* und *9ᵇ* Kohlenkeller. — *8ᵃ, 8ᵇ* Bakteriologisches Untersuchungszimmer. — *10ᵇ* Abtritt. — *Cal.* bedeutet Calorifer; die Pfeile geben die Lage der äusseren Mündungen der Luftkanäle an.

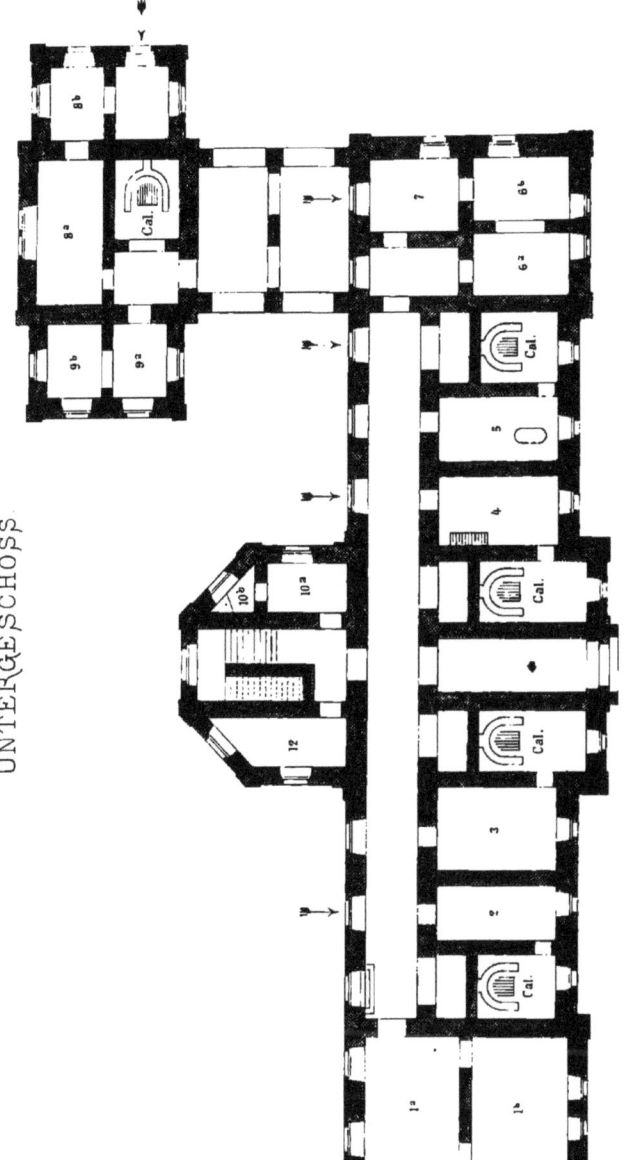

UNTERGESCHOSS.

Meter.

·Tafel II.

Tafel-Erklärung.

II. Erdgeschoss.

13a Küche. — *13b* Kinderabtritt. — *14* Kindersaal. — *15*
Wärterinzimmer. — *16, 17* Isolirzimmer. — *18* Pförtner. — *19* Wartezimmer. — *20* Apparatenzimmer. — *21* Director. — *22* Ophthalmometer. — *23a* und *23b* Oberin. — *24* Verwaltung. — *25* Untersuchungszimmer. — *26* Hörsaal. — *27* Augenspiegelzimmer. —
28 Mikroskopirzimmer.

ERDGESCHOSS.

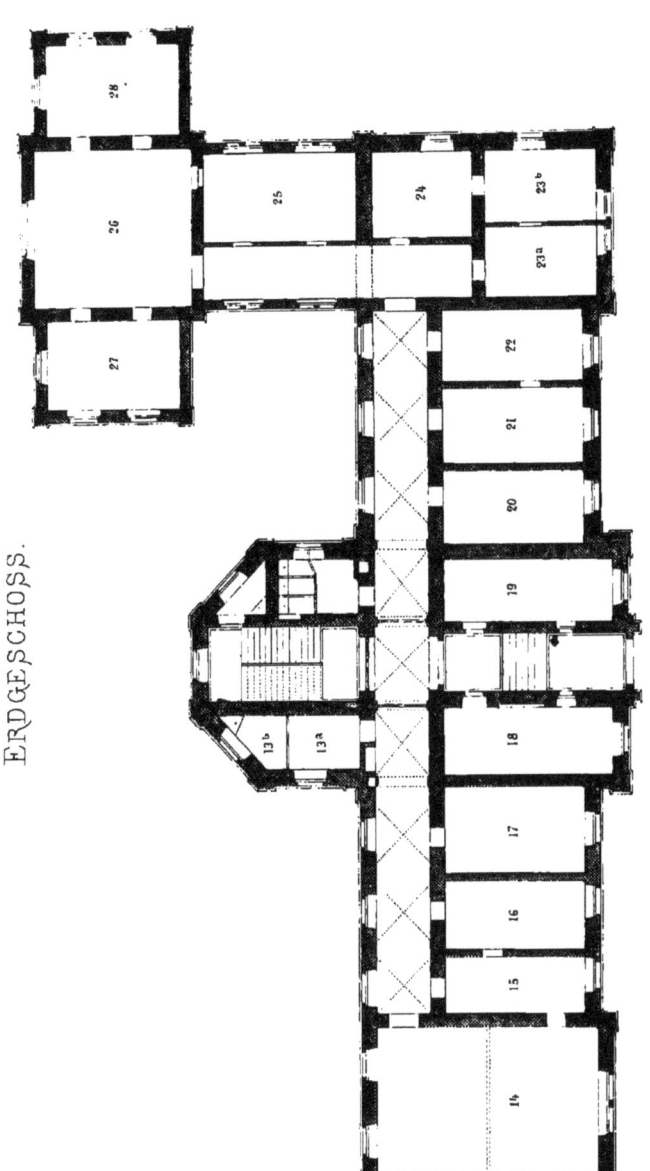

Meter.

Tafel III.

Tafel-Erklärung.

—

III. Zweiter und dritter Stock.

Für den zweiten oder Männerstock gelten die nicht unterstrichenen Ziffern, für den dritten oder Frauenstock die unterstrichenen.

29a und *29b* Theeküche und Bad. — 30 Männersaal. — *31* Zimmer der Wärterin. — 32, *33, 34, 36*, 37, *38, 40* Krankenzimmer. — *35* Esszimmer. — *39a* und *39b* Zimmer des Assistenzarztes. — *41* Abtritt. — *42* Podestabtritt.

43a und *43b* Theeküche und Bad. — *44* Frauensaal. — *45* Zimmer der Wärterin. — *46, 47, 48, 49*, 50, 51, 52, *54* Krankenzimmer. — *53a* und *53b* Zimmer des Assistenzarztes. — *55* und *56* wie *41* und *42*.

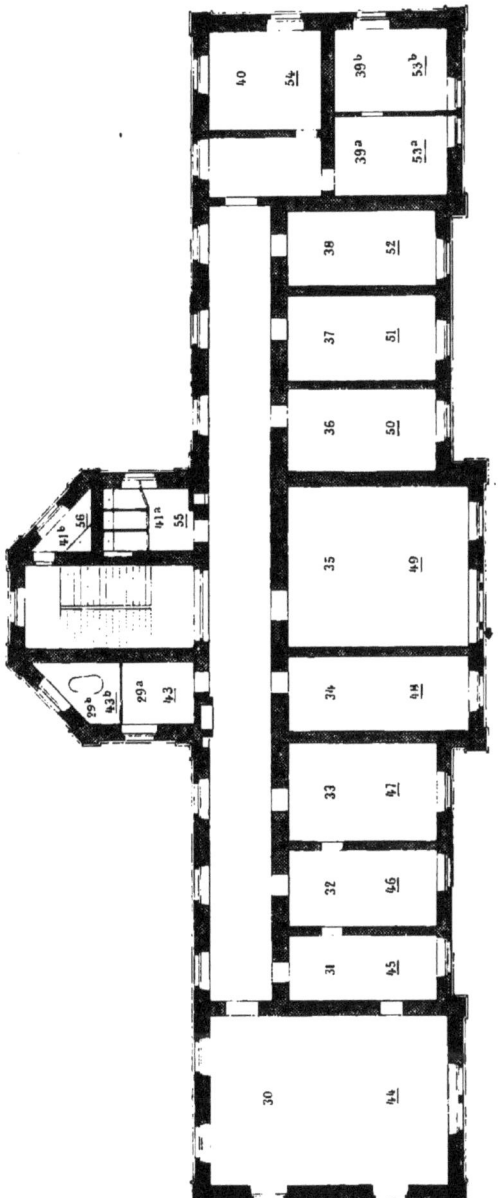

Meter.